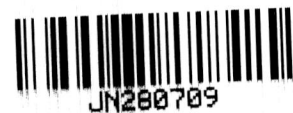

保健室の楽しい壁面構成12カ月

コピーしてすぐ使える一口知識＆クイズ付き

久住加代子

4月　けんこうしんだん

●P.6～

黎明書房

4月

朝ごはんのクイズ

●P.8~

5月

おやつについて考えてみましょう

●P.10~

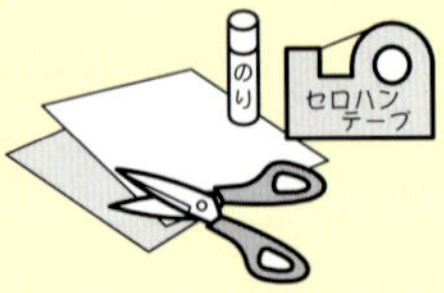

5月

鼻のクイズ

●P.12~

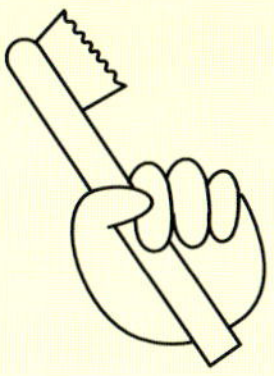

6月

人の歯のやくわり

●P.14~

6月

歯のクイズ

●P.16~

7・8月

ぼうしを かぶろう

●P.18~

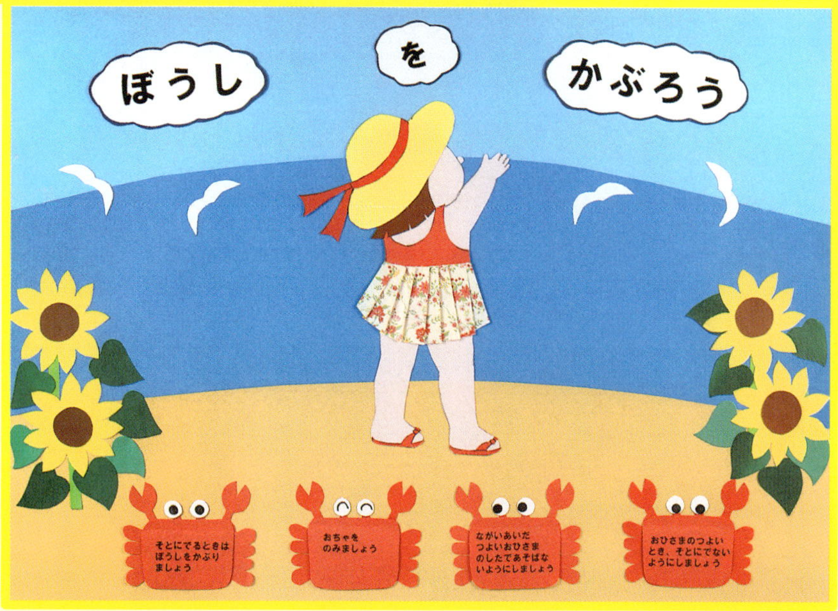

7・8月

あせのクイズ

●P.20~

9月

いま、はやっています（感染症）

●P.22~

9月

けがのクイズ

●P.24~

10月

うんどうかいだよ！

●P.26~

あせをかいたら、すぐふきましょう
ハンカチタオルをわすれないでね
あさごはんをしっかりたべましょう
て、あしのつめをきりましょう
よるははやくねましょう
うんどうのあとはうがいてあらいをしましょう
うんどうかいだよ！

目《め》のクイズ
10月10日は
目《め》の愛護《あいご》デー
にんじん
Q1
目《め》のしくみとにているものはなに？
①コンピューター
②テレビ
③カメラ
Q2
目《め》にごみが入《はい》った時《とき》、どうすればいいの？
①目《め》をこする
②目《め》をこすらないで水《みず》で洗《あら》う
③すぐ目薬《めぐすり》をさす
Q4
本《ほん》を読《よ》む時《とき》どのくらい、はなすといいの？
①15cm
②10cm
③30cm以上《いじょう》
Q3
テレビを見《み》る時《とき》どれくらい、はなれて見《み》るといいの？
①30cm
②1m
③2~3m

10月

目のクイズ

●P.28~

11月

かぜに気をつけましょう！

●P.30~

かぜに気をつけましょう！
バイキンやウイルスはせきやくしゃみでどこまでとぶのかな~
5m ハクション
3m コンコン
1m ペチャクチャおしゃべり
コンコン
かぜの予防《よぼう》
ガラガラうがいをしましょう
しっかり手《て》を洗《あら》いましょう

うがい・手洗《てあら》いでかぜ予防《よぼう》
かぜクイズ
かぜに負けないようにするには？
①薬をのむ
②夜遅くまで、テレビをみる
③バランスのとれた食事をする
Q
せきはどうしてでるの？
①脳を守るため
②胃を守るため
③心臓を守るため
Q
お茶でうがいをするといいの？
①よい
②悪い
③関係ない
Q
熱がでるのはなぜ？
①白血球が戦い始めたから
②赤血球が戦い始めたから
③血小板が戦い始めたから
Q

11月

かぜクイズ

●P.32~

12月

まどをあけようね！

●P.34~

まどをあけようね！
くうきをいれかえましょう
ぼくのからだにさわらないでね
ときどきまどをあけてね
ストーブのおやくそく
ぼくのちかくであそばないで
やけどにきをつけてね

早寝《はやね》・早起《はやお》きをしましょう
すいみんクイズ
Q1
人間はなぜ、眠るの？
①夢を見るため
②脳や神経・体を休めるため
③体温を保つため
Q2
7～9才の頃、何時間くらい寝るといいの？
①5～6時間
②7～8時間
③9～11時間
Q3
レムすいみんは、どんなねむりなの？
①からだのねむり
②脳のねむり
③呼吸のねむり
Q4
ノンレムすいみんは、どんなねむりなの？
①からだのねむり
②脳のねむり
③心臓のねむり

12月

すいみんクイズ

●P.36~

1月

すき、きらいしないでなんでもたべようね

●P.38～

すき、きらいしないで
なんでもたべようね
あか・みどり・きいろのたべものを
バランスよくたべようね！
みどりのたべもの
（やさい・くだもの）
骨《ほね》や歯《は》をつくるお手伝《てつだ》いをします。
いつも元気《げんき》でいられるようにします。
きいろのたべもの
（ごはん・ぱん・おいも）
からだを動《うご》かすガソリンの役目《やくめ》をします。
元気《げんき》よく勉　強《べんきょう》や運　動《うんどう》ができるようにします。
あかのたべもの
（にく・さかな）
みんなのからだをつくります。
筋肉《きんにく》や骨《ほね》や歯《は》をつくります。

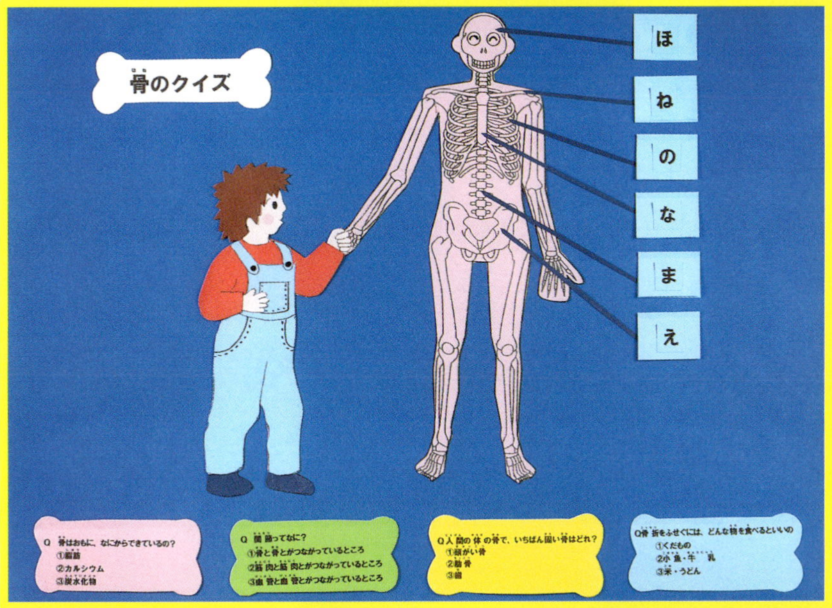

骨《ほね》のクイズ
ほ
ね
の
な
ま
え
Q　骨はおもに、なにからできているの？
①脂肪
②カルシウム
③炭水化物
Q　関節ってなに？
①骨と骨とがつながっているところ
②筋肉と筋肉とがつながっているところ
③血管と血管とがつながっているところ
Q人間の体の骨で、いちばん固い骨はどれ？
①頭がい骨
②肋骨
③歯
Q骨折をふせぐには、どんな物を食べるといいの
①くだもの
②小魚・牛乳
③米・うどん

1月

骨のなまえと骨のクイズ

●P.40～

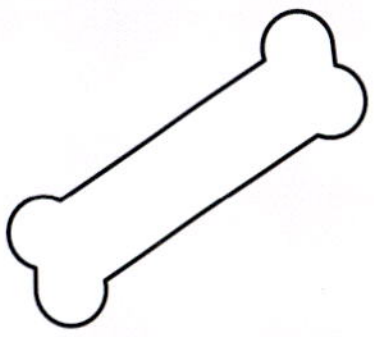

2月

食べ物のゆくえ

●P.42～

口《くち》
食道《しょくどう》
胃《い》
小腸《しょうちょう》
大腸《だいちょう》
うんこ
食《た》べ物《もの》のゆくえ

2月
うんこのクイズ
●P.44~

3月
手をあらおう
●P.46~

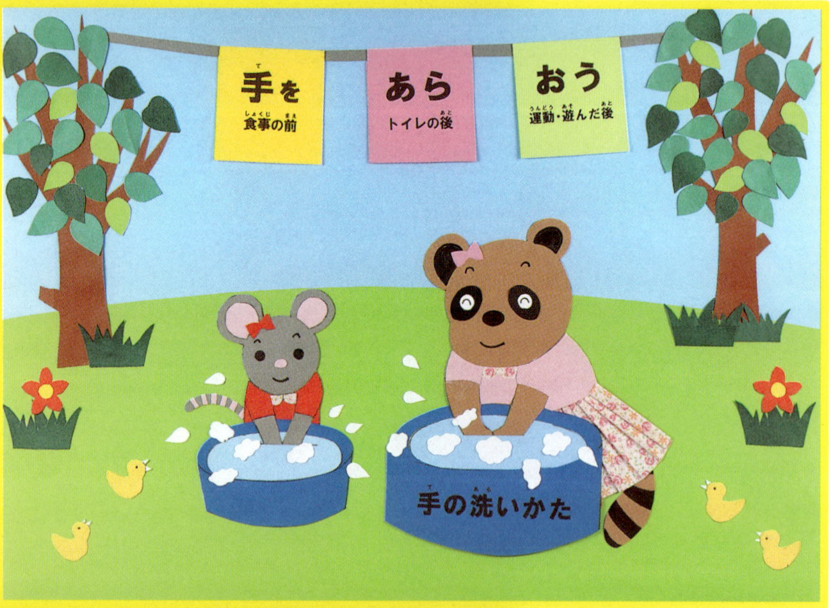

3月
耳のクイズ
●P.48~

はじめに

健康は幸せな人生を送るうえで、重要なテーマです。子どもたちにも、自分の体や毎日の食べ物、衛生などに早くから関心を持ってもらい、自らの健康を守るためにはどうしたらよいのかを、きちんと身につけていってほしいものです。

本書では、保健に関する月ごとの目標をテーマに取り上げた季節感いっぱいの壁面構成とその作り方を紹介しています。色彩豊かな、元気いっぱいの楽しい場面と、子どもたちの大好きなクイズや、健康に役立つ一口知識が一つになって、子どもたちの興味を引きつけ、友だち同士でながめて、さわったり、めくったりしながら、健康のために日日心掛けてほしいことやぜひ知ってほしいことが楽しく学べるものにしました。

また、忙しい先生や、工作があまり得意でない人でも簡単にしかも美しく作ることができるよう、コピーして使える型紙をもうけました。型紙にあわせて色画用紙を切って貼ったり、コピーした型紙に色を塗ればそのまま壁面構成として使用することもできます。背景と、クイズ、一口知識はそれぞれ独立させて掲示することも可能です。

ぜひ、保健委員会の子どもたちと、楽しくこの壁面構成を製作してみてください。保健室が子どもたちや保護者の方々にとって、より身近な存在になり、子どもたちが健康に対する意識を高めて、「生きる力」を育成してくれることを心から願っています。

最後に、本書の出版にあたり、編集に多大なるご援助をいただきました、黎明書房社長の武馬さん、編集部の藤川さんに深く感謝をいたします。

この本の特徴

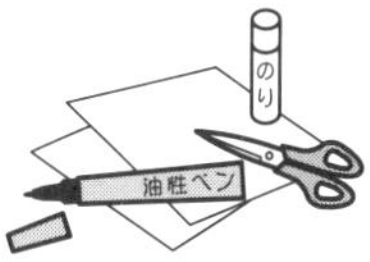

- 保健室にふさわしい壁面構成とその作り方をカラー写真とイラストをまじえてわかりやすく紹介しています。
- 四季折々の保健室の月目標をテーマに取り上げた壁面構成と、健康に関するクイズ・一口知識形式が一つになって、見て、さわって、子どもたちが楽しく健康について学ぶことができます。
- 型紙頁をコピーして使えば、本書の作品例のように、色画用紙を使って色彩豊かな作品を作ることもできますし、型紙を適当な大きさにコピーして、それを手差しでコピーし、色を塗れば簡単に仕上げることもできます。
- 作品の大きさは、掲示スペースにあわせて型紙を拡大・縮小することで、自由に決めることができます。
- 壁面構成としてではなく、「クイズ」、「一口知識」だけで掲示することも可能です。

もくじ

制作の手順

[壁面構成の作り方]

＊作品例/10月・うんどうかいだよ！

●AとBの2通りの作り方があります。

A 白画用紙に型紙をコピーして直接着色する方法（比較的短時間で手軽につくることが可能）
B 部分ごとに色画用紙を用意し、はりつける方法（口絵の写真と同様につくることが可能）

Aの方法

① 型紙を白画用紙に、手差しで適当な大きさにコピーし、色鉛筆や絵の具などで着色し、切り抜く。
② 4頁を参考に一口知識をつくる。
③ 切り抜いたうさぎ、ねこ、玉入れかご、一口知識を、背景用の画用紙に並べ、位置を決めてはる。

Bの方法

① 型紙を適当な大きさに拡大コピーする。
② カーボン紙などを使って、拡大コピーの線を色画用紙に写しとるか、あるいは手差しで色画用紙にコピーする。体全体になるので、うさぎをつくるときには白、ねこの場合は茶色、子どもの場合ははだ色や薄いピンクなどがよい。

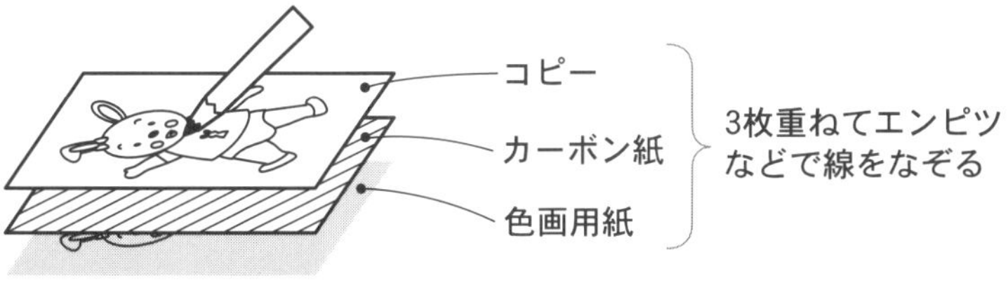

③ ①の型紙のコピーを頭・耳・腕・胴・脚・くつなど各パーツごとに切る。
④ 各色画用紙の上に各パーツをおいてカーボン紙で形を写しとるか、ホチキスで固定して、切る。このとき、必要であれば、重なり合うパーツの内、下になるほうに、のりしろをつくっておくとよい。
⑤ 切った各パーツの色画用紙を、②で用意した画用紙にはっていく。
⑥ 目・鼻などを黒の油性ペンでかく。

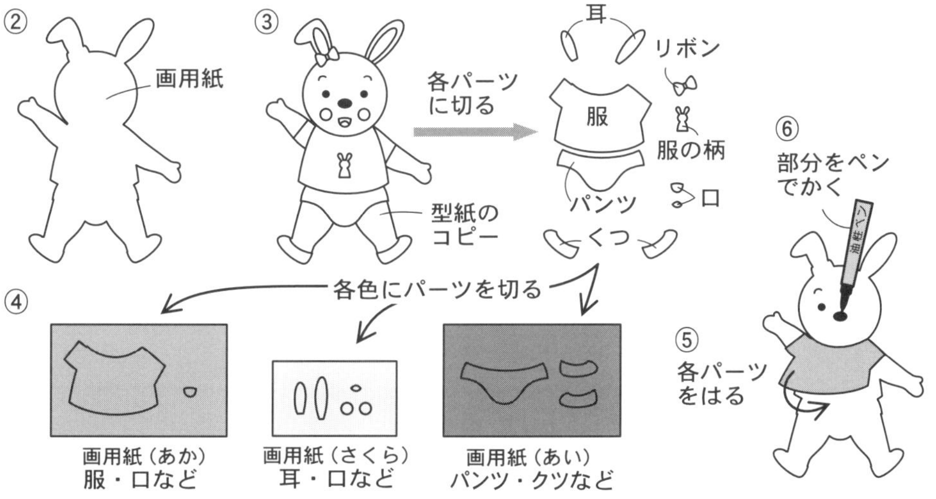

⑦ 4頁を参考に一口知識をつくる。
⑧ うさぎ、ねこ、玉入れかご、一口知識を背景用の色画用紙の上に並べ、適当な位置にはる。

[一口知識・クイズの作り方]

＊作品例/4月・けんこうしんだん

●一口知識・クイズは壁面構成にせず、それだけでも掲示できます。

●A B Cの3通りの作り方があります。

A 白画用紙にコピーして着色する（比較的短時間でつくることが可能）
B 色画用紙にコピーする（口絵の写真同様につくることが可能）
C 色画用紙に手がきでかく

Aの方法

① 型紙を適当なサイズに拡大コピーし、コピーを白画用紙に手差しでコピーする。
② ①を色鉛筆・絵の具などで着色する。
③ ②をはさみで切る。
④ のりしろ部分をのりではり、補強のため内側にセロハンテープをはる。
⑤ 適当なサイズに拡大コピーした葉っぱの型紙を線に沿って切り、3〜4枚重ねた画用紙の上にホチキスで固定してはさみで切り、着色する。のりしろ部分を花の裏面にはる。

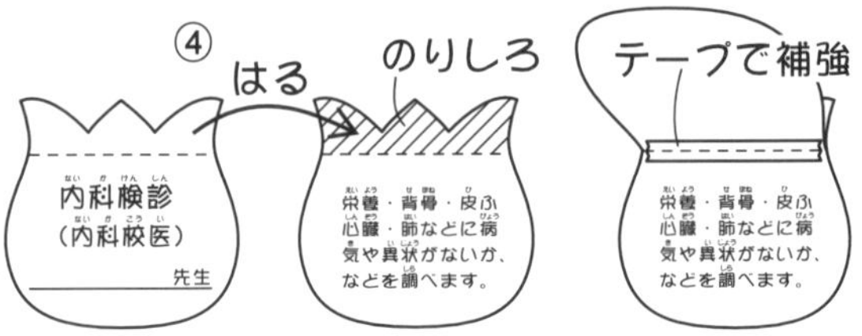
④
はる
のりしろ
テープで補強
内科検診《ないかけんしん》
（内科校医《ないかこうい》）
先生
栄養《えいよう》・背骨《せぼね》・皮《ひ》ふ
心臓《しんぞう》・肺《はい》などに病《びょう》
気《き》や異状《いじょう》がないか、
などを調《しら》べます。

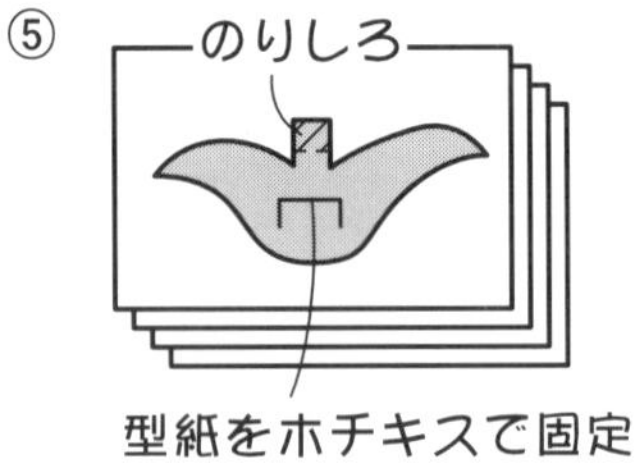
⑤
のりしろ
型紙をホチキスで固定

Bの方法

① 型紙を適当なサイズに拡大コピーし、コピーを各色画用紙に手差しでコピーする。
② ①をはさみで切る。
③ のりしろ部分をのりではり、補強のため
④ 内側にセロハンテープをはる。
Aの ⑤と同様の手順でみどり色の画用紙で葉っぱをつくり、のりしろ部分を花の裏面にはる。

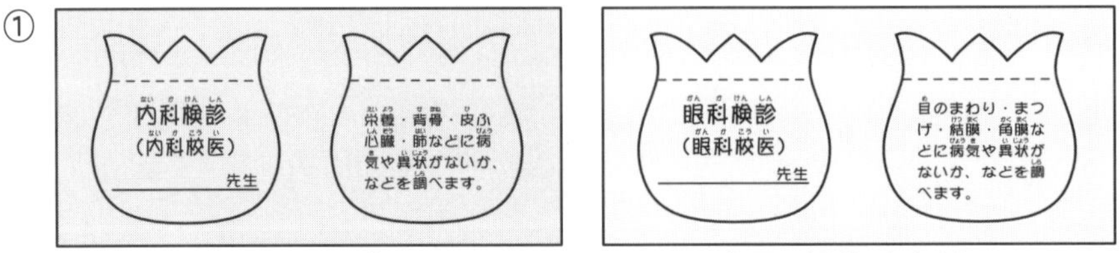
①
内科検診《ないかけんしん》
（内科校医《ないかこうい》）
先生
栄養《えいよう》・背骨《せぼね》・皮《ひ》ふ
心臓《しんぞう》・肺《はい》などに病《びょう》
気《き》や異状《いじょう》がないか、
などを調《しら》べます。
眼科検診《がんかけんしん》
（眼科校医《がんかこうい》）
先生
目《め》のまわり・まつ
げ・結膜《けつまく》・角膜《かくまく》な
どに病気《びょうき》や異状《いじょう》が
ないか、などを調《しら》
べます。

色画用紙（みず）　　色画用紙（うすもも）

Cの方法

① 型紙を適当なサイズに拡大コピーし、各色画用紙の上にホチキスで固定してはさみで切る。（Aの⑤と同様）
② ①に、一口知識やクイズの内容を、黒の油性ペンなどで手がきでかく。
Aの④と同様に、のりづけ・テープの補強をする。
Aの⑤と同様にみどり色の画用紙で葉っぱをつくり、のりしろ部分を花の裏面にはる。

[割りピンを使った動く手の作り方]

＊作品例/10月・うんどうかいだよ！

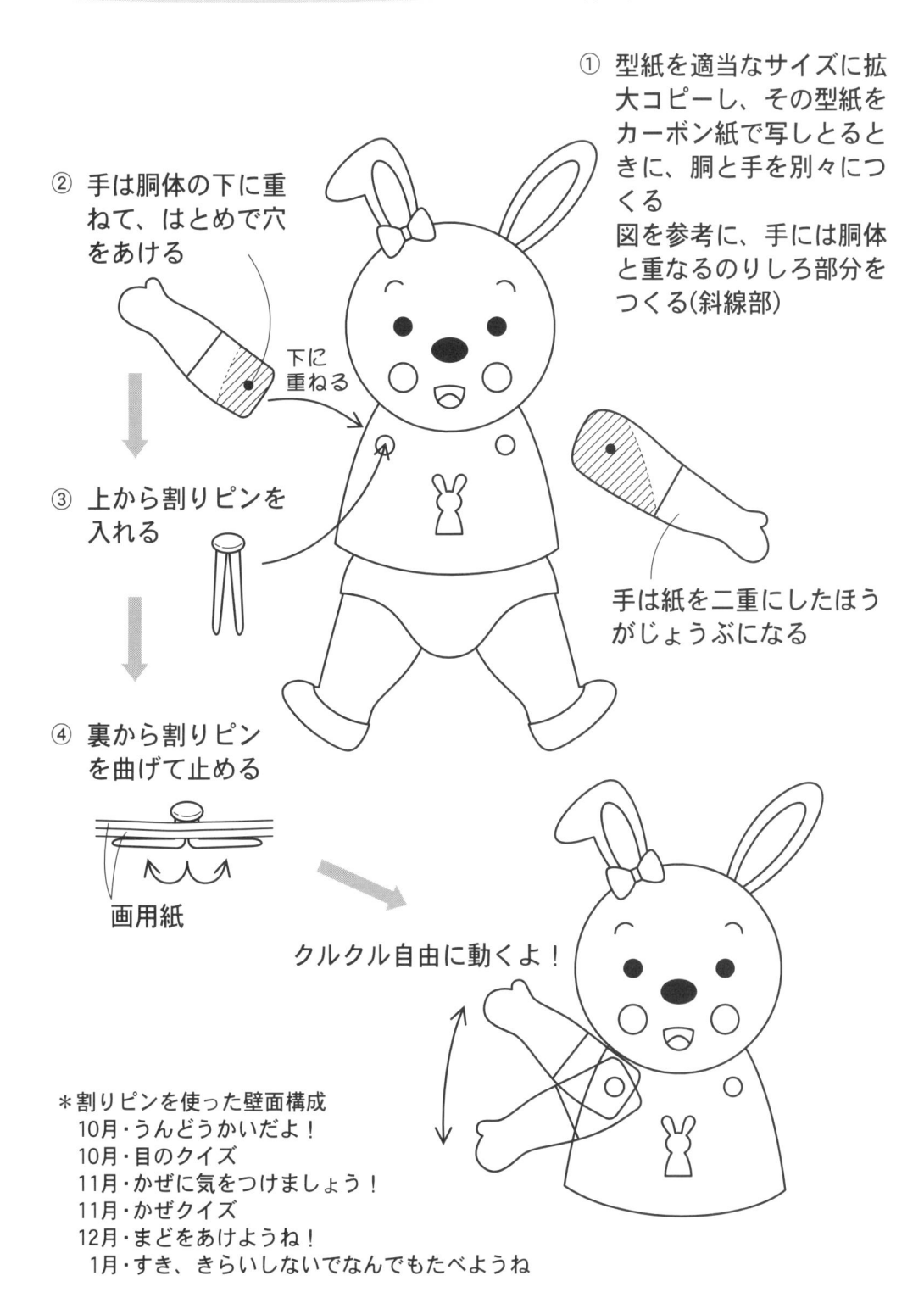

① 型紙を適当なサイズに拡大コピーし、その型紙をカーボン紙で写しとるときに、胴と手を別々につくる
図を参考に、手には胴体と重なるのりしろ部分をつくる(斜線部)

② 手は胴体の下に重ねて、はとめで穴をあける

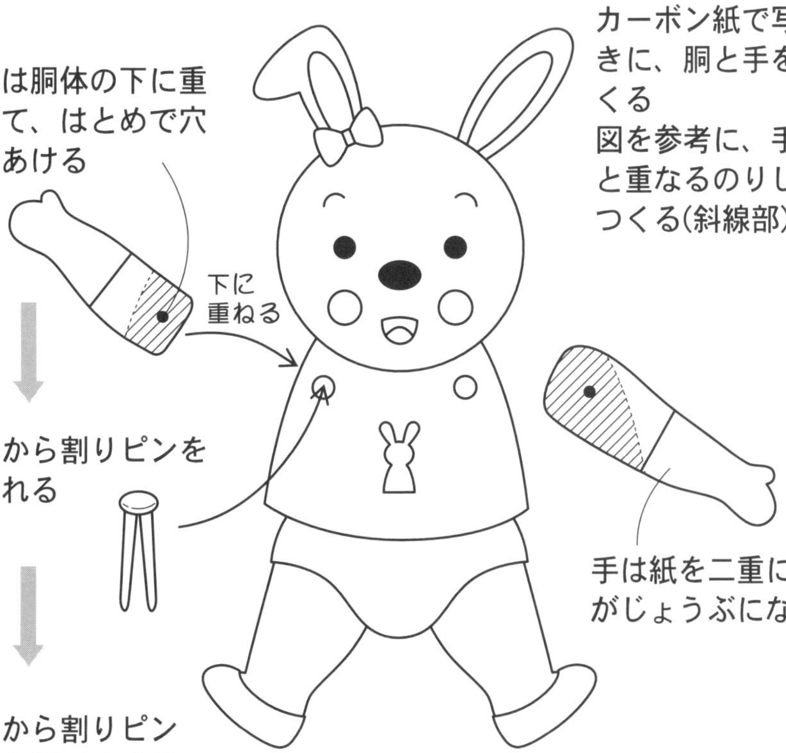
下に
重ねる
手は紙を二重にしたほうがじょうぶになる

③ 上から割りピンを入れる

④ 裏から割りピンを曲げて止める

画用紙

クルクル自由に動くよ！

＊割りピンを使った壁面構成
10月・うんどうかいだよ！
10月・目のクイズ
11月・かぜに気をつけましょう！
11月・かぜクイズ
12月・まどをあけようね！
1月・すき、きらいしないでなんでもたべようね

作り方　4月 けんこうしんだん

一口知識
の内容は
P.51

▶［背景］あお

けんこうしんだんで自分の体のようすを知り、健康な生活ができるように指導しましょう。

けんこうしんだんがはじまるよ！　にわとりのコッコ先生がぼくの体に病気がないか、異常がないか調べてくれるよ！　ちょっぴり心配だなー。

作り方

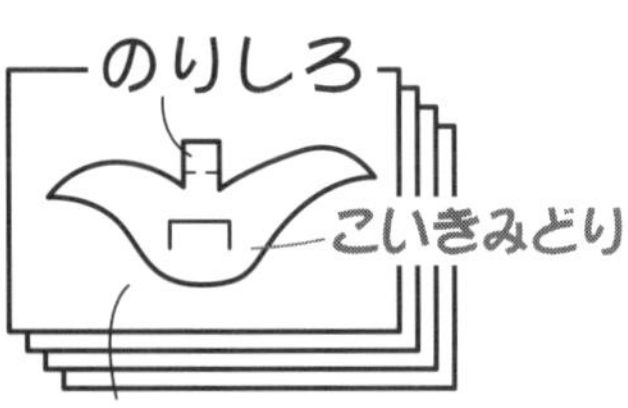

型紙と画用紙（こいきみどり）
4枚を重ねてホチキスで止めて切る

［一口知識］

上を折り曲げて２枚重ねて上の部分をのりではり、セロハンテープを内側にはる

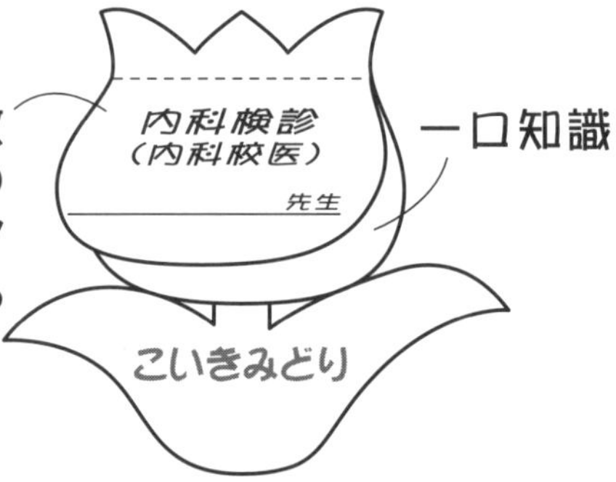

型紙…P.50～

[にわとり]

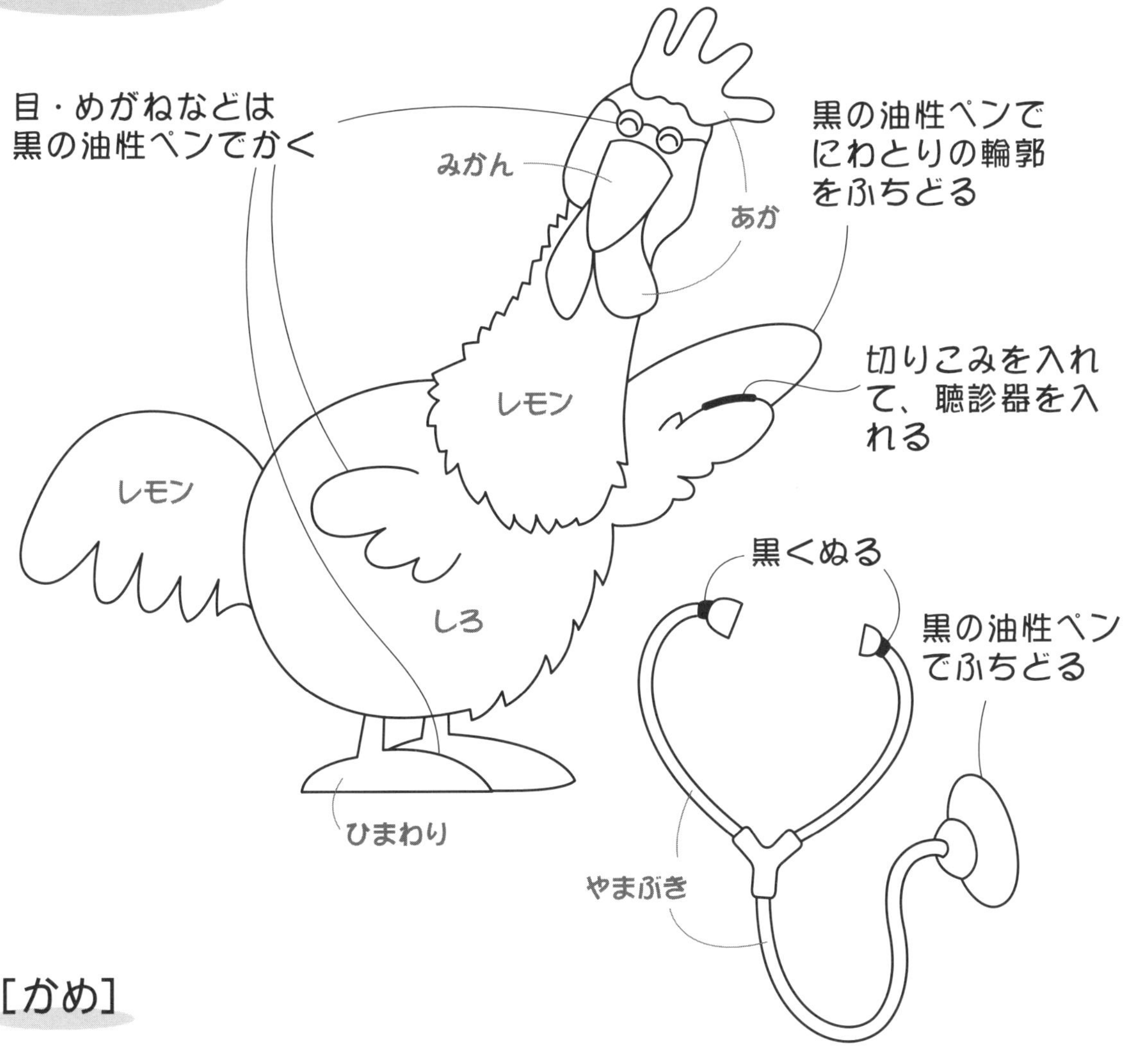
目・めがねなどは
黒の油性ペンでかく
みかん
あか
黒の油性ペンで
にわとりの輪郭
をふちどる
レモン
切りこみを入れ
て、聴診器を入
れる
レモン
しろ
ひまわり
黒くぬる
黒の油性ペン
でふちどる
やまぶき

[かめ]

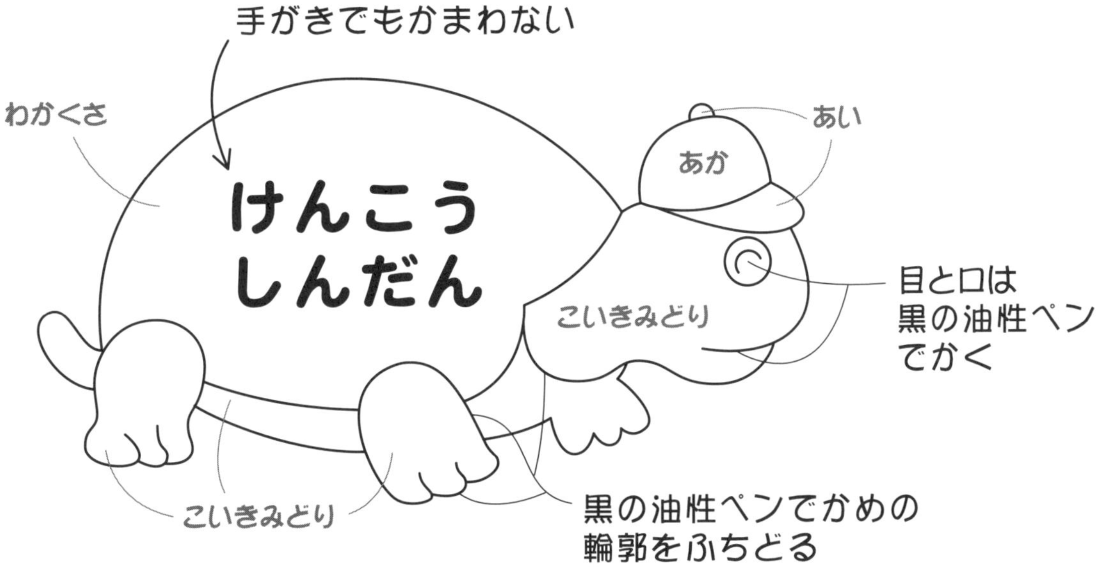
手がきでもかまわない
わかくさ
あい
あか
けんこう
しんだん
目と口は
黒の油性ペン
でかく
こいきみどり
こいきみどり
黒の油性ペンでかめの
輪郭をふちどる

4月 朝ごはんのクイズ

クイズの内容はP.53～

朝《あさ》ごはんのクイズ
朝《あさ》ごはんをしっかり食《た》べましょう
Q
朝食をなぜ、食べないといけないの？
①脳がしっかり働けない
②骨がしっかり働けない
③歯がしっかり働けない
Q
朝食を食べると脳の働きはどうなるの？
①脳の働きが弱くなる
②脳の働きが活発になる
③関係ない
Q
朝食を食べると、体温はどうなるの？
①体温が上がる
②体温が下がる
③変化がない
毎日おいしい朝食を食べるためには、どうすればいいの？
①夜食を食べる
②夜おそくに寝る
③夕食後に夜食やお菓子を食べない

朝ごはんは１日のうちで一番大切な食事です。栄養のバランスのとれた朝食をしっかり食べるように指導しましょう。

すがすがしい朝、お日さまも元気いっぱい！
ぼくたちも朝ごはんをいっぱい食べて元気いっぱい！
さあ楽しい１日の始まりだ！

作り方

[太陽]

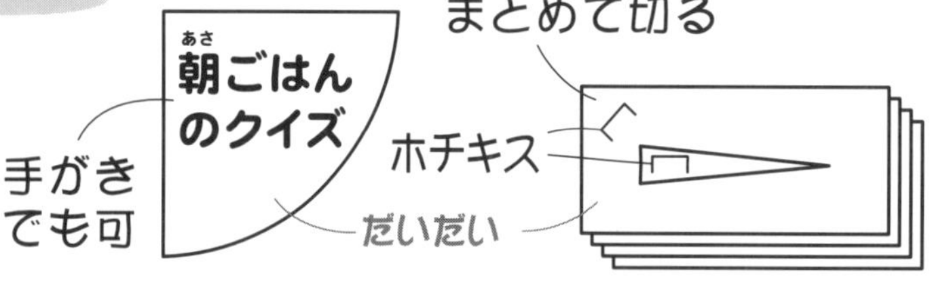
画用紙４枚と型紙をホチキスで止め４枚まとめて切る
朝《あさ》ごはんのクイズ
手がきでも可
ホチキス
だいだい

[背景]

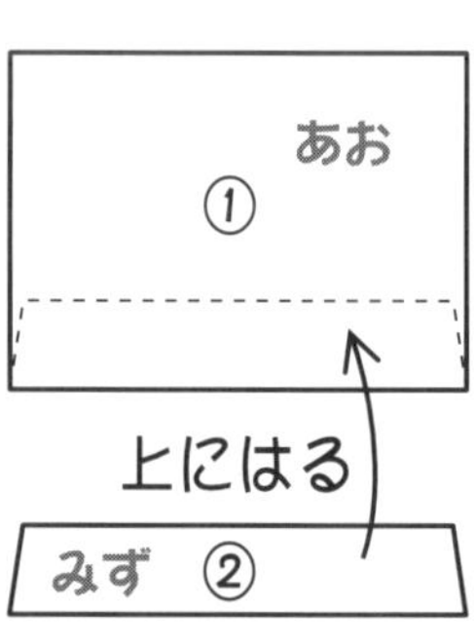
あお
①
上にはる
みず ②

型紙…P.52～

[にわとり]　[こども]

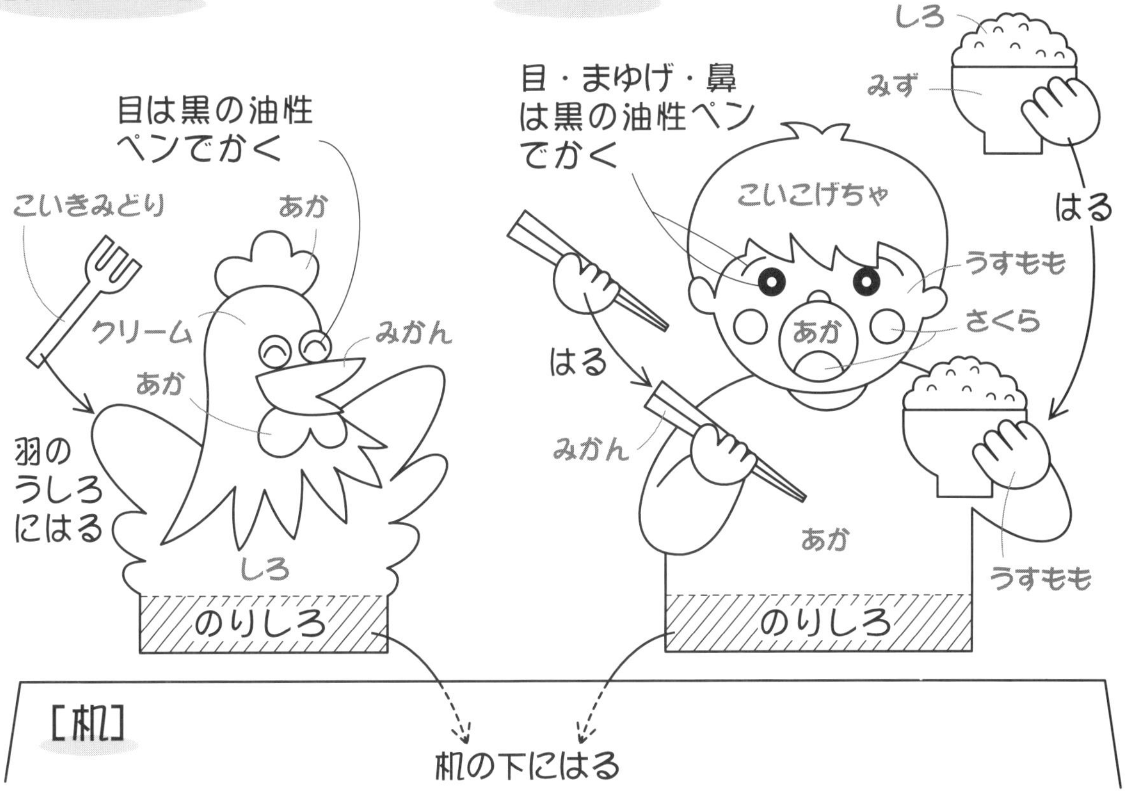

[クイズ]

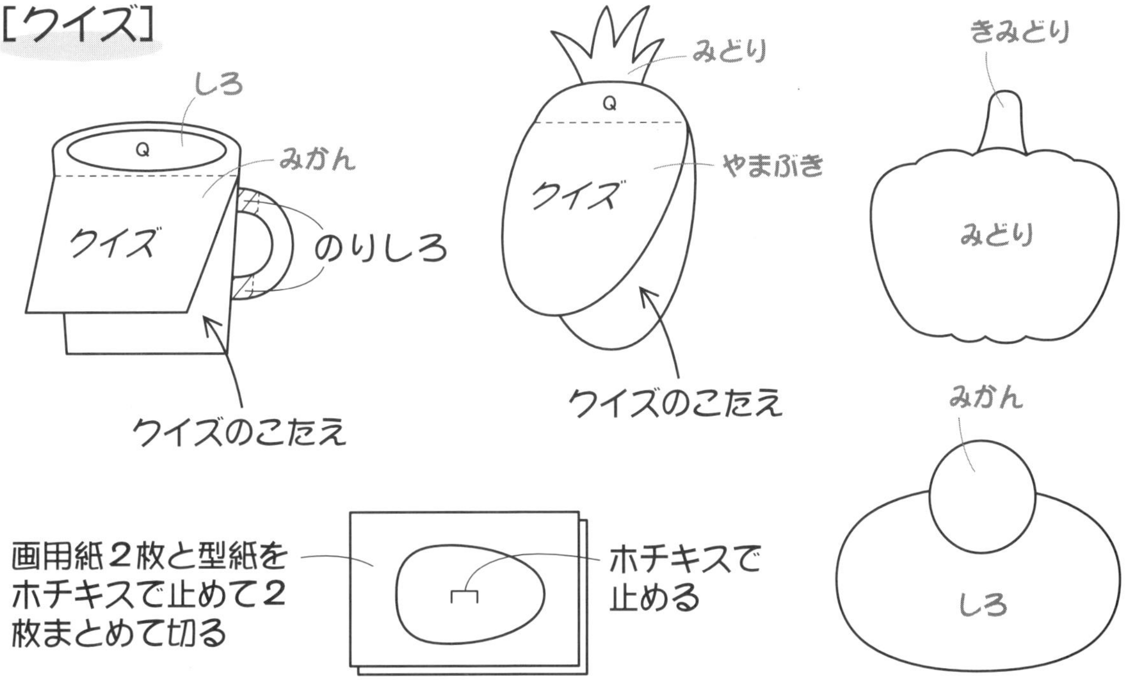

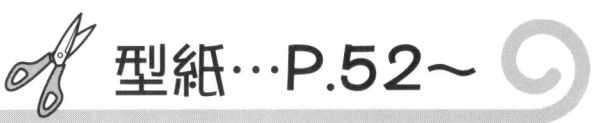

5月 おやつについて考えてみましょう

一口知識の内容は P.55～

おやつには、どれだけの
砂糖《さとう》が入《はい》っているのかな？
おやつについて
考《かん》えてみましょう
角砂糖
1コ　5g
チョコレート1枚
あめ
2コ
清涼飲料
350ml
あんぱん
ケーキ
シュークリーム
アイスクリーム
プリン
砂糖《さとう》の多《おお》いおやつを食《た》べすぎると、みなさん
の体《からだ》はどうなるのでしょう

おやつには砂糖がいっぱい含まれていることを知らせ、おやつの食べ方がわかるように指導しましょう。

森で動物たちのおやつパーティー、大好きなおやつがいっぱい！　全部食べたいなー。でも、おやつには砂糖がいっぱい入っていてむし歯になるよ！　からだにも悪いよ！　こまったなー。

作り方

［背景］

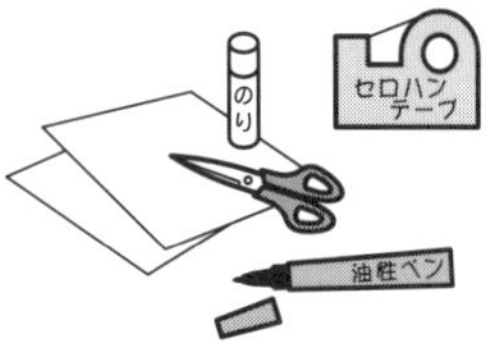
のり
セロハンテープ
油性ペン

下から①→②→③の順に重ねる

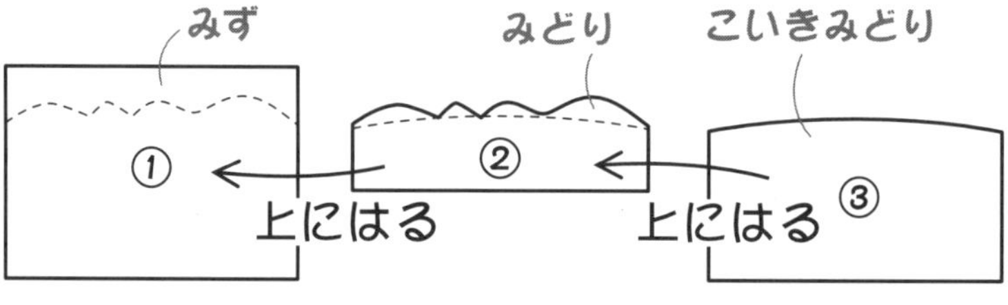
みず
みどり
こいきみどり
①
②
③
上にはる
上にはる

型紙…P.55～

[木]

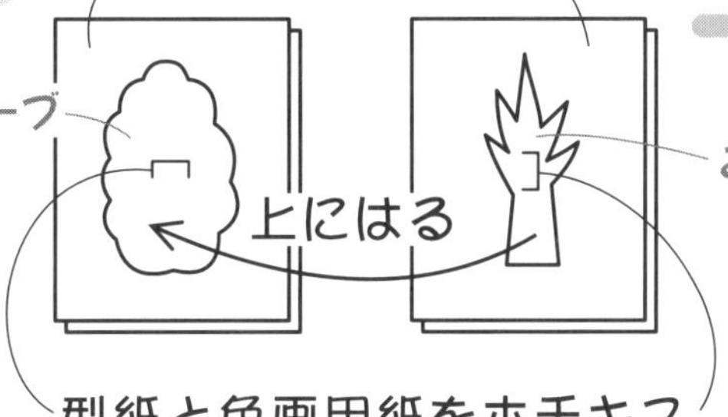
2枚重ねて切る
オリーブ
こいこげちゃ
上にはる
型紙と色画用紙をホチキスで固定する

[草]

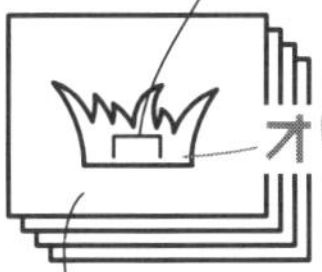
オリーブ
4枚重ねて切る

[一口知識]

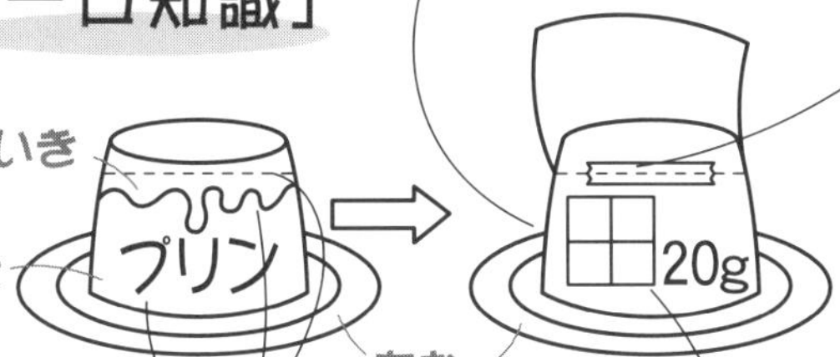
セロハンテープを裏側からはって補強する
糖分の量を角砂糖で視覚的に表します
こいき
き
プリン
20g
あお
黒いペンでかく
黒いペンでかくか、白画用紙をはってもよい

20g

[うさぎ・くま切株のテーブル]

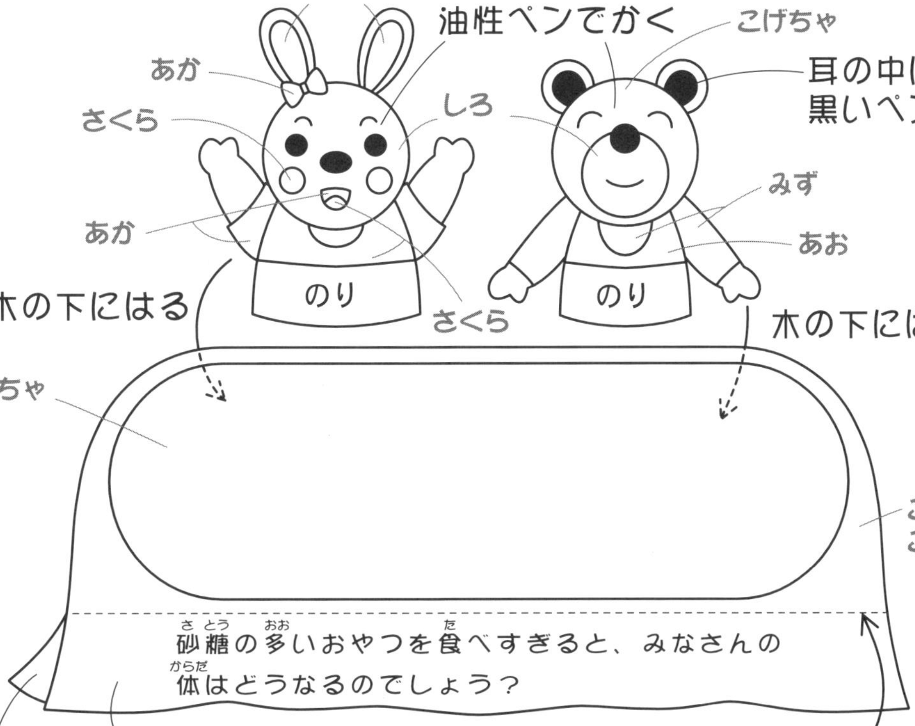
さくら
まゆ・目・鼻は黒の油性ペンでかく
こげちゃ
あか
しろ
耳の中は黒いペンでかく
さくら
みず
あか
あお
木の下にはる
のり
のり
さくら
木の下にはる
しらちゃ
こいこげちゃ
砂糖《さとう》の多《おお》いおやつを食《た》べすぎると、みなさんの
体《からだ》はどうなるのでしょう？
めくれば下に一口知識
一口知識
木の根を2枚切りこの線より上をのりではる

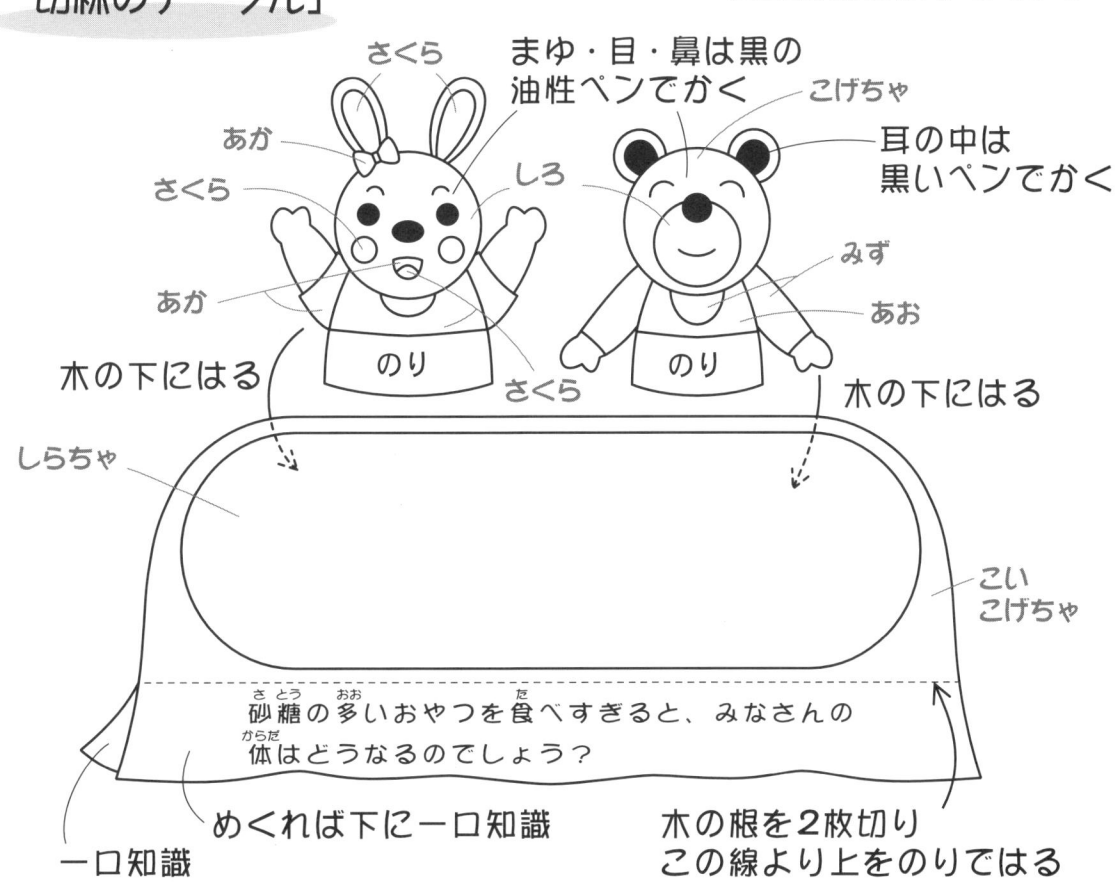

5月　鼻のクイズ

クイズの内容はP.59～

▶［背景］ みず・こいきみどり

鼻は呼吸したり、臭いをかいだり、鼻から入った空気のほこりやバイキンを取り除き、温めた空気を肺に送る、などの大切な働きをしていることを指導しましょう。

さわやかな５月の風に吹かれて元気いっぱいこいのぼりが泳いでいるよ！
ぞうさんの長いお鼻は便利だなー　小さなこいのぼりもうれしそう！

作り方

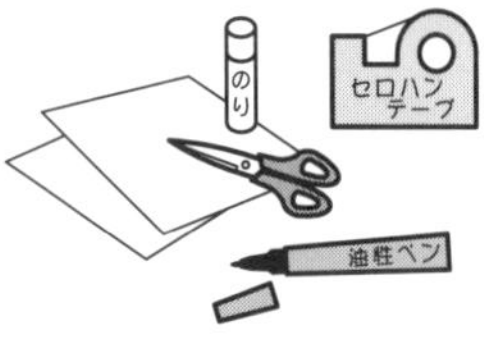

［雲］

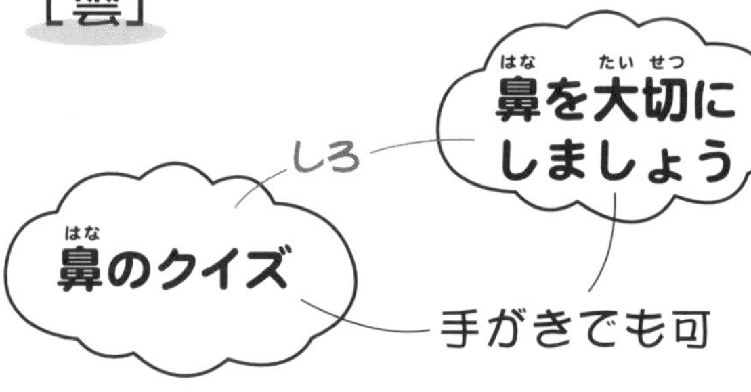

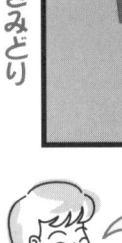

型紙…P.58～

[ぞう]

[花]

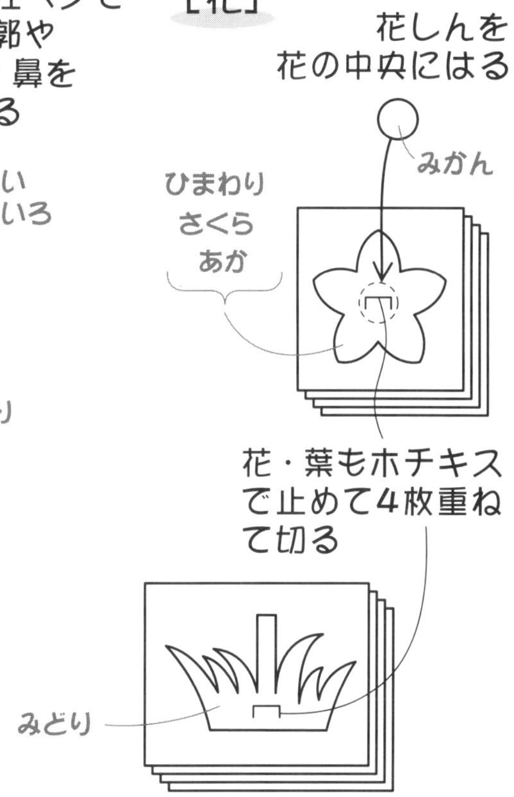

[クイズ]

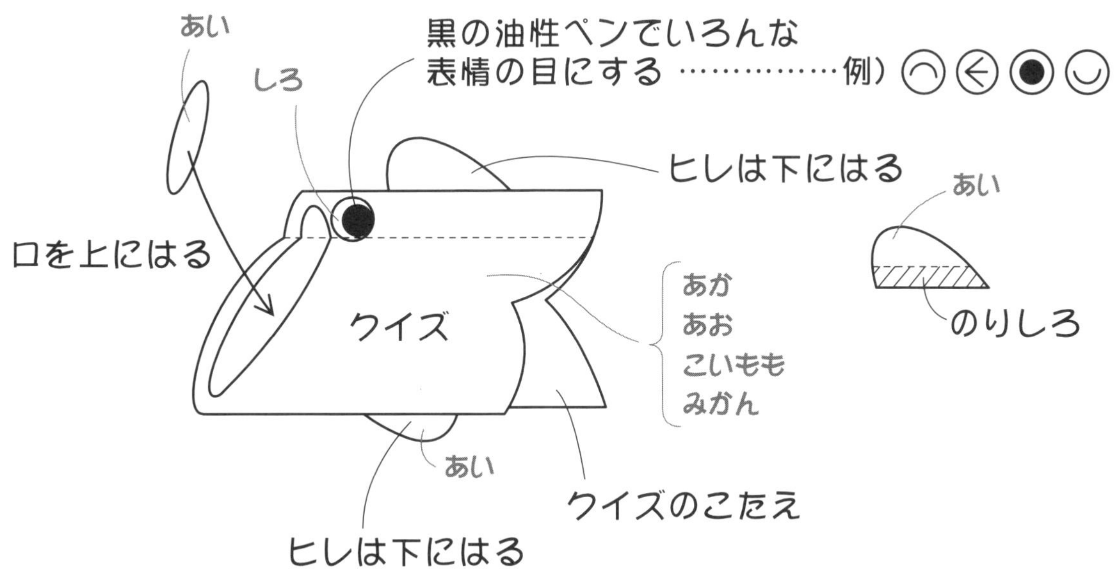

6月 人の歯のやくわり

一口知識の内容はP.63～

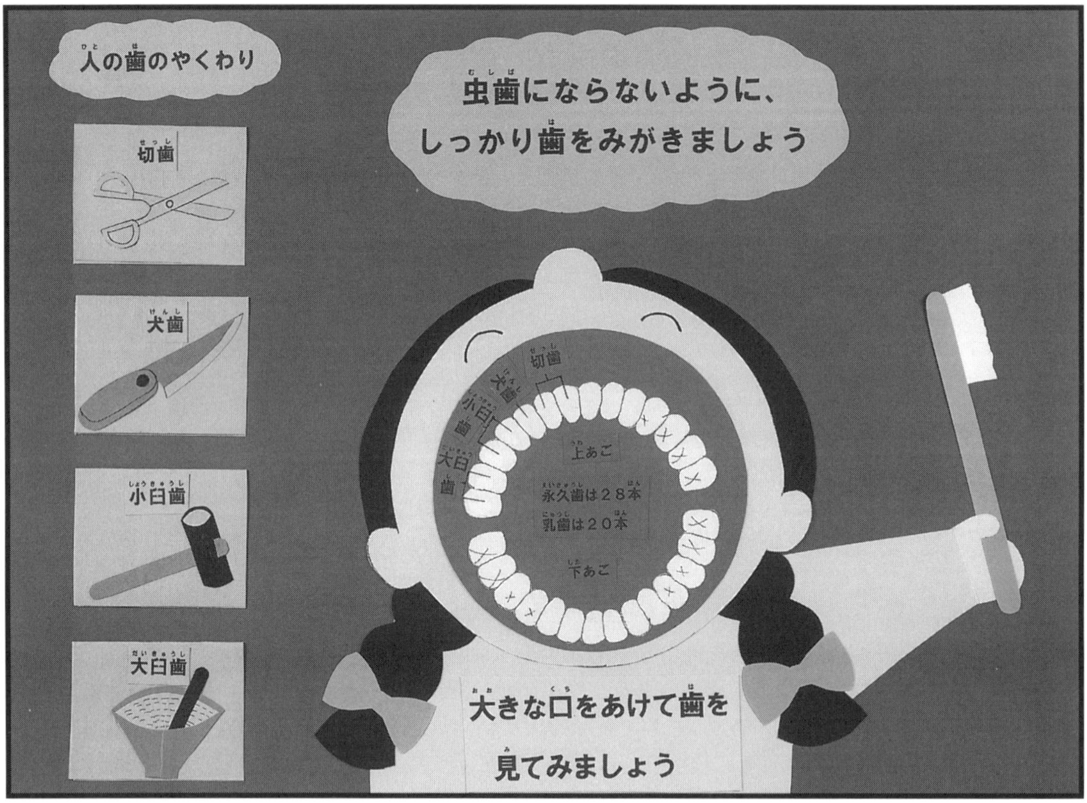

人《ひと》の歯《は》のやくわり
虫歯《むしば》にならないように、
しっかり歯《は》をみがきましょう
切歯《せっし》
犬歯《けんし》
小臼歯《しょうきゅうし》
大臼歯《だいきゅうし》
切歯《せっし》
犬歯
小臼歯
大臼歯
上《うわ》あご
永久歯《えいきゅうし》は２８本《ほん》
乳歯《にゅうし》は２０本《ほん》
下《した》あご
大《おお》きな口《くち》をあけて歯《は》を
見《み》てみましょう

▲［背景］あお

歯にはそれぞれの役割があり、食べ物をかみ砕き、だ液の出をよくして消化しやすい状態にしていることを指導しましょう。

大きなお口を開けて歯を見てみましょう！　この歯ははさみ。この歯はほうちょう。ふーん、歯には大切なやくわりがあるんだね！
はさみさん、ほうちょうさんの刃がかけたら大変だ！　歯をきれいにみがきましょう。

作り方

［雲］

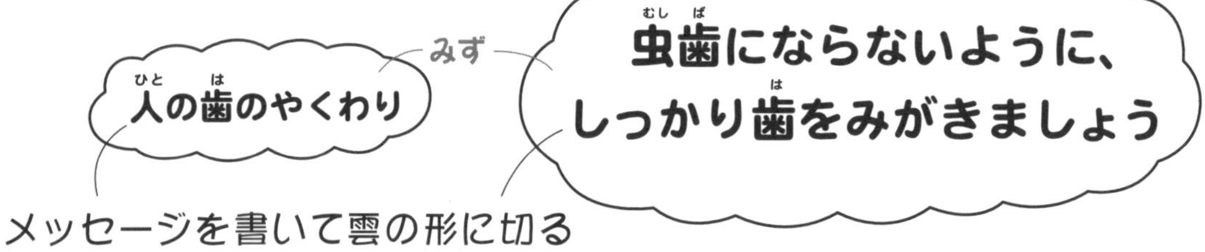

人《ひと》の歯《は》のやくわり
みず
虫歯《むしば》にならないように、
しっかり歯《は》をみがきましょう
メッセージを書いて雲の形に切る

[おんなのこ]

型紙…P.61～

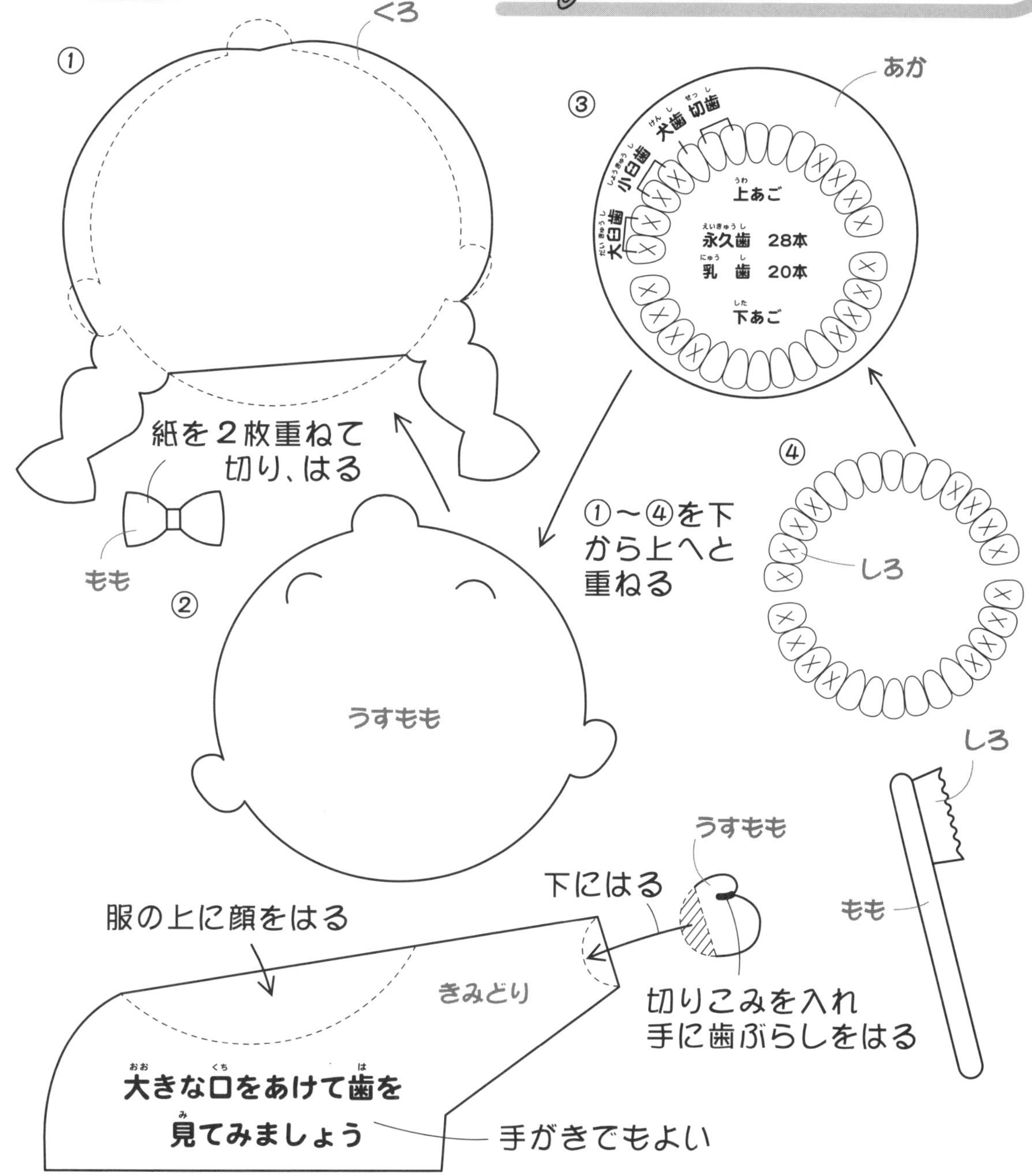

[一口知識]

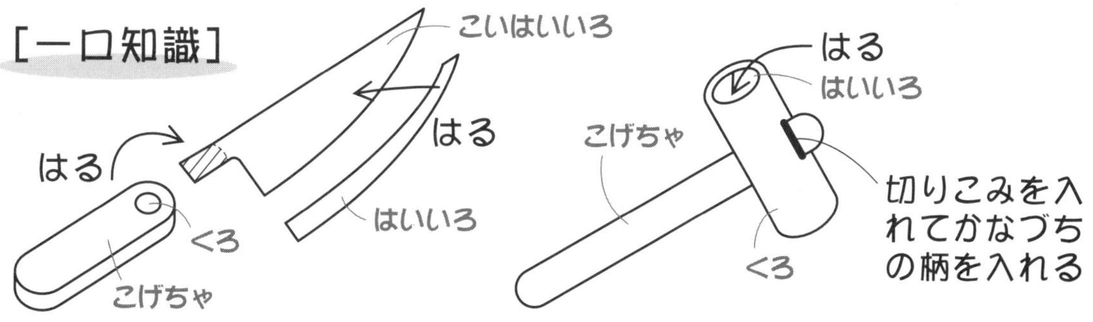

6月 歯のクイズ

クイズの内容はP.66〜

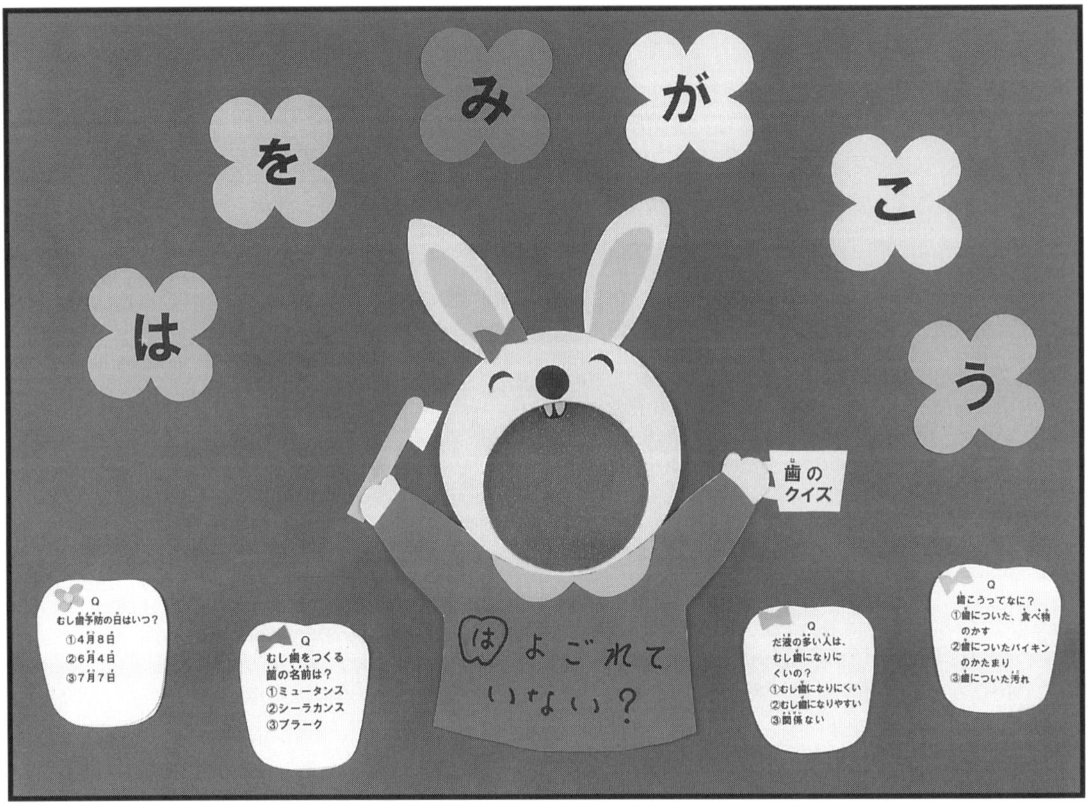

▶[背景] あお

自分の歯のようすを知り、むし歯を防ぐために、歯みがきが大切なことを指導しましょう。

うさぎさんにまけないように大きな口を開けてー
ぼくの歯よごれていないかなー　むし歯になっていないかなー

作り方

[歯をみがこう]

[コップ]

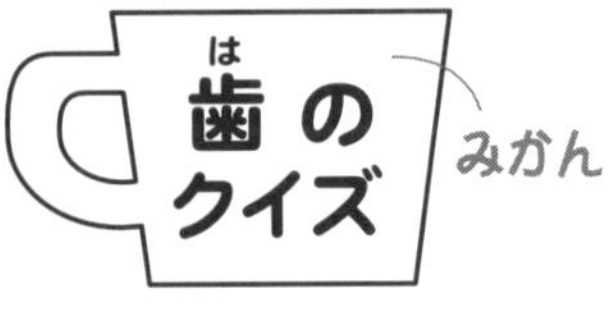

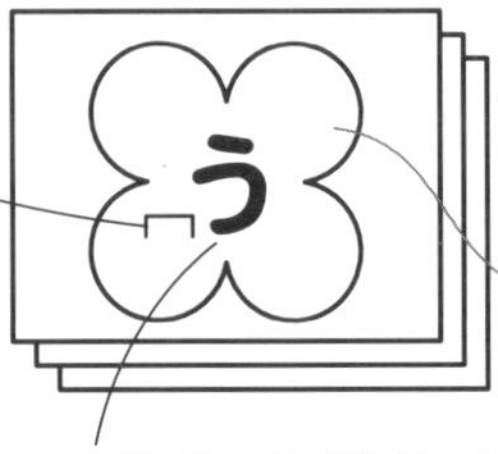

型紙…P.65～

[うさぎ]

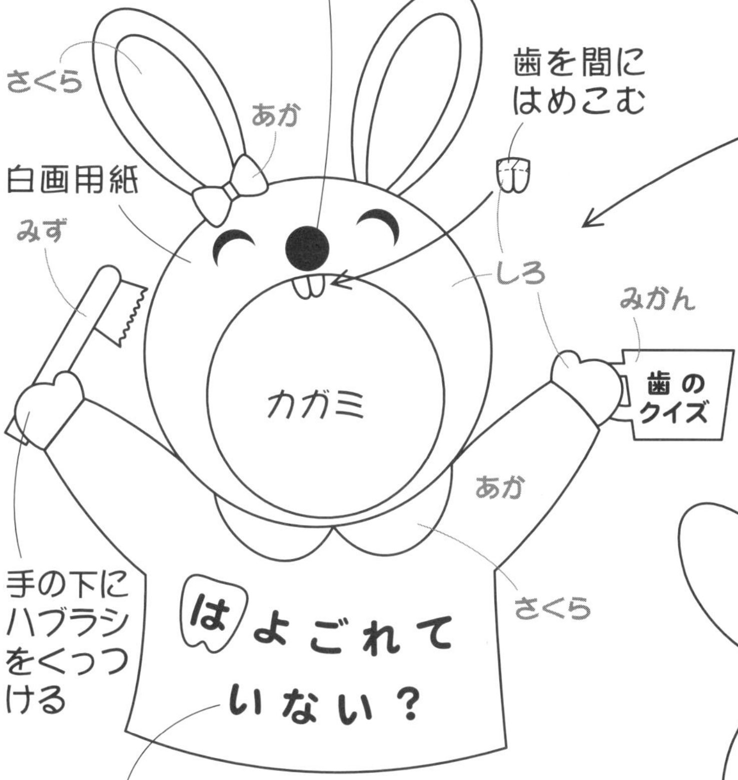
目・鼻は黒い画用紙を切ってはるか、黒の油性ペンでかく
さくら
あか
白画用紙
みず
歯を間にはめこむ
うさぎは白画用紙でつくり、上から画用紙の服をはっていく
口を切りぬき、裏から口よりも大きなサイズのカガミをはりつける
しろ
みかん
カガミ
歯の
クイズ
あか
さくら
手の下にハブラシをくっつける
はよごれていない？
手がきでもよい

（裏）
白画用紙
切りぬいた口
カガミ
裏からカガミをボンドではりつける

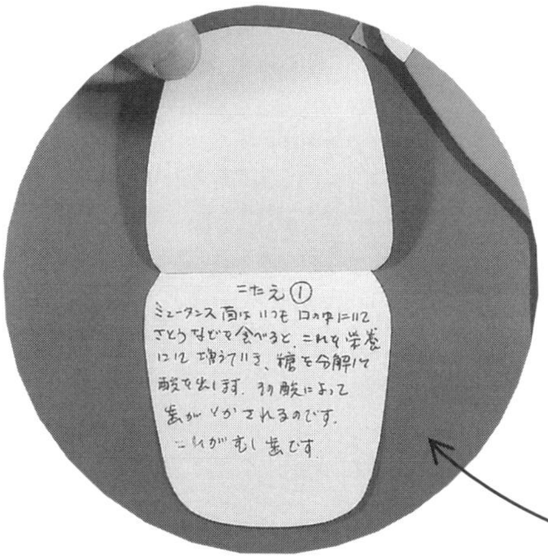
こたえ①
ミュータンス菌はいつも口の中にいて
さとうなどを食べると、これを栄養
にして増えていき、糖を分解して
酸を出します。この酸によって
歯がとかされるのです。
これがむし歯です。

[クイズ]

花やリボンなどの飾りをつけてもよい
Q
クイズ
しろ
クイズのこたえ

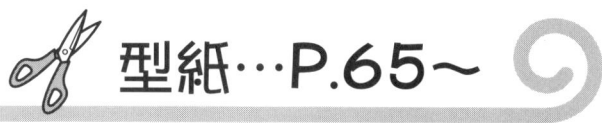

7・8月 ぼうしをかぶろう

一口知識の内容はP.69～

楽しいことがいっぱいの夏休み、強いお日さまにまけないように帽子をかぶるよう指導しましょう。

夏のお日さまはとても強いよ！
お日さまに負けないように、ぼうしをかぶってカニさんとあそびましょう！

作り方

[かもめ]

[背景]

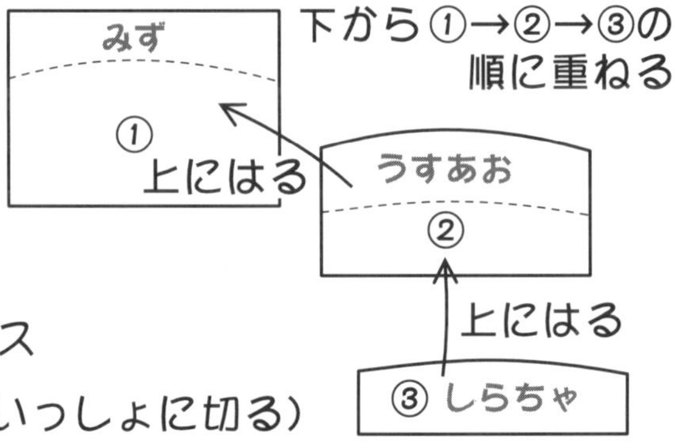

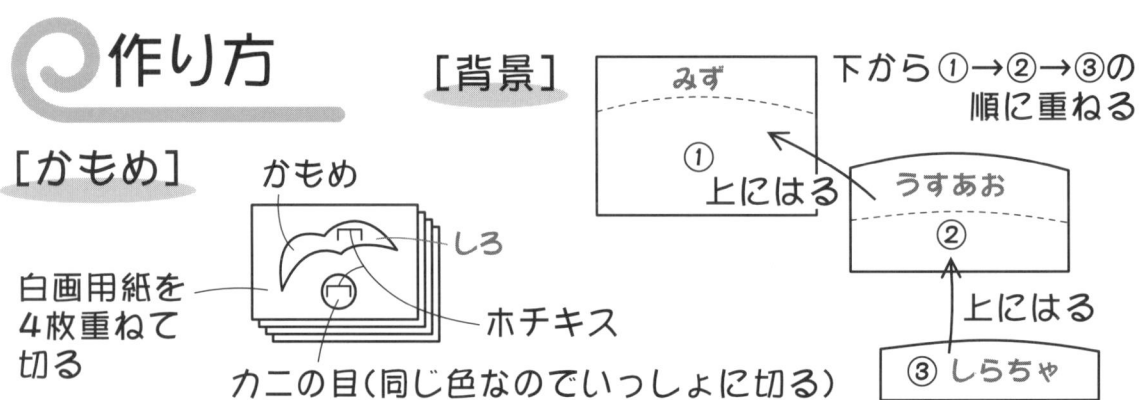

型紙…P.68～

[おんなのこ]

あか
うすもも
みかん
こいこげちゃ
あか

①スカートは包装紙を折ってひだをつくり、立体的にする
②スカートをはってから上のシャツをはる

ひだをつくらず、かんたんに包装紙を切ってはってもよい

赤の油性ペンでぬる

[ひまわり]

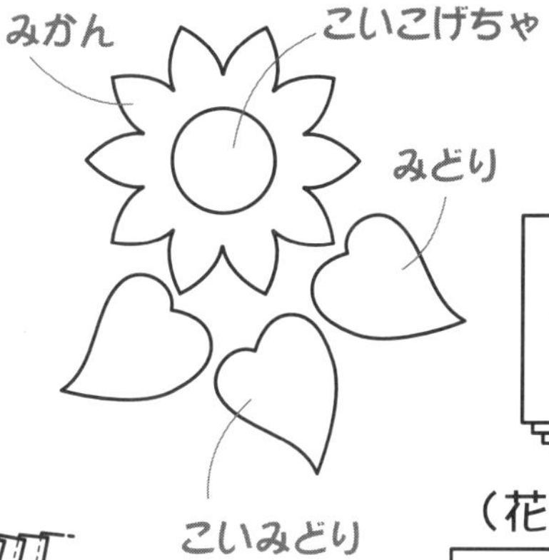
みかん
こいこげちゃ
みどり
こいみどり

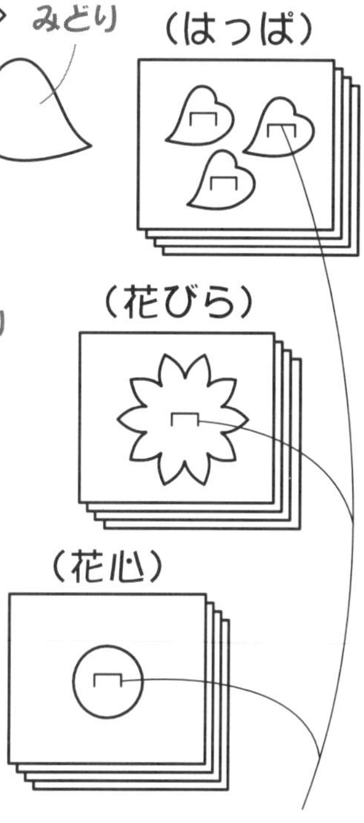
（はっぱ）
（花びら）
（花心）

それぞれの色画用紙４枚と型紙を重ねてホチキスで止め、切る

[一口知識]

いろいろな楽しい目の表情を黒の油性ペンでかく

一口知識

一口知識のくわしい内容

[雲]

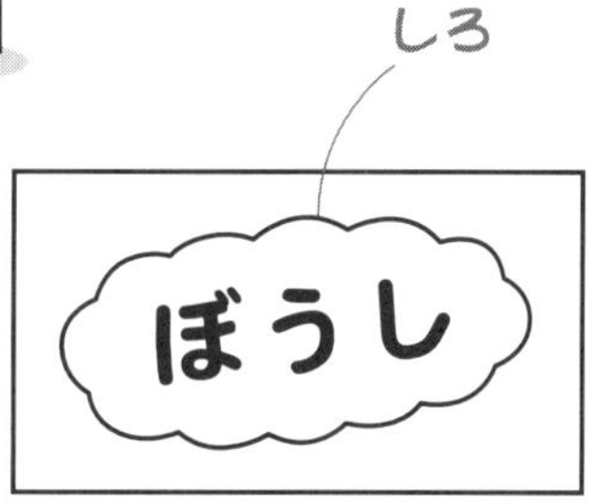
しろ
ぼうし

白の画用紙に雲を写し、切る
下に黒の画用紙で台紙をはり、5㎜くらい外側を切る

7・8月 あせのクイズ

暑い夏には、汗がたくさん出ます。毎日おふろに入って、体を清潔に保つよう指導しましょう。

ぼくは虫が大好き！
かぶとむし・せみ・バッタ、あっちかな！　こっちかな！
夢中になって、汗がいっぱい。どうして汗が出るのかなー。

作り方

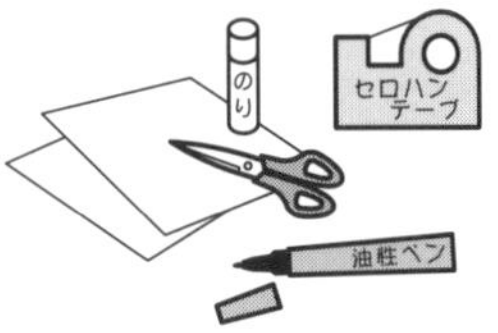

［木］

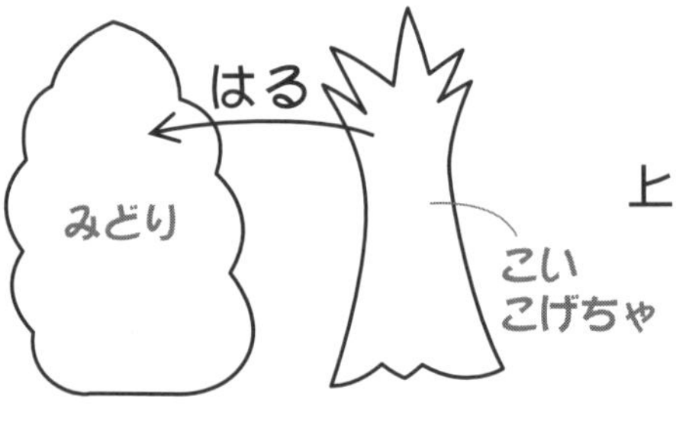

［背景］

型紙…P.71～

[おとこのこ]

黒の油性ペンで輪郭をふちどる

この部分を切りとり、虫とりあみの棒にはるまたは、棒を油性ペンでかく

赤の油性ペンで色をぬる

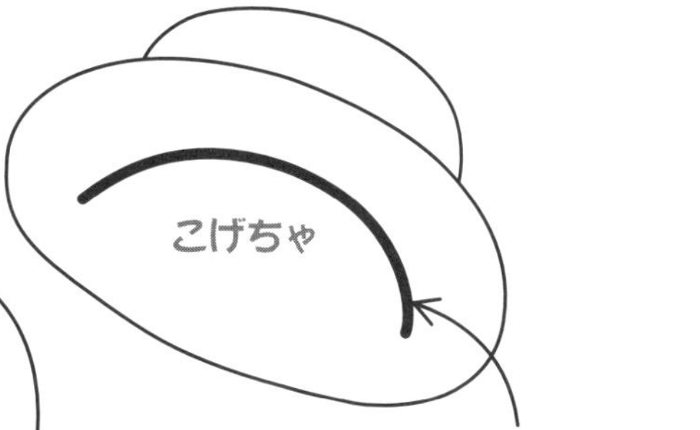

切りこみを入れて帽子に頭を差しこむ

[汗]

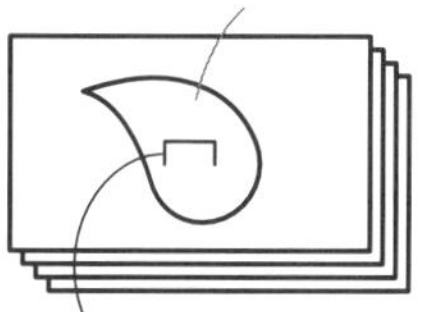

４枚重ねて切り、はる

[むしかご]

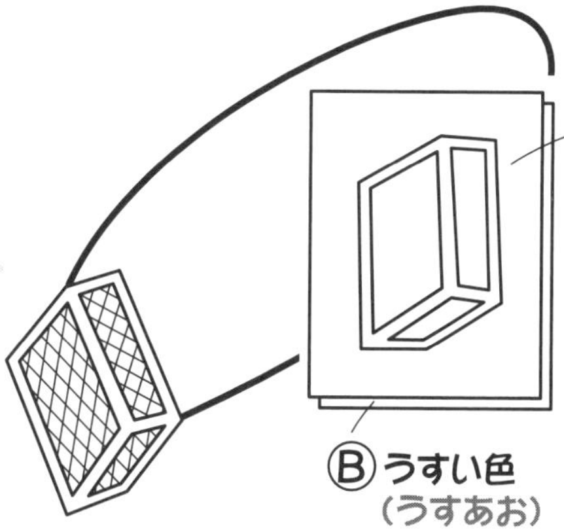

- ⒶⒷ2枚重ねて切りⒶのこい色の中をカッターで切りとる
- ⒶⒷをのりではり、黒の油性ペンであみ線をかく
- ひもは虫とりあみをはってから最後に黒の油性ペンでかく

[クイズ]

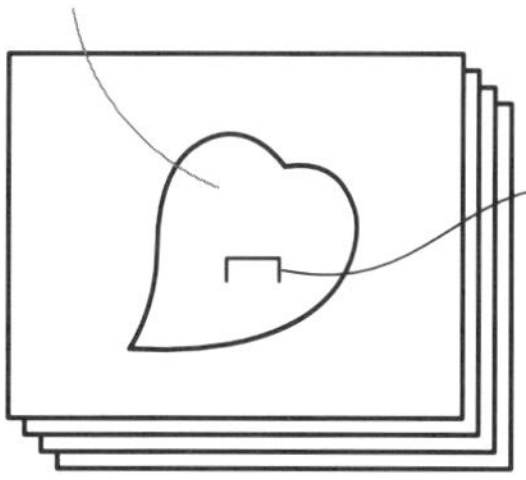

葉は画用紙を３～４枚重ね、ホチキスで止めて切る

9月 いま、はやっています（感染症）

一口知識の内容はP.75～

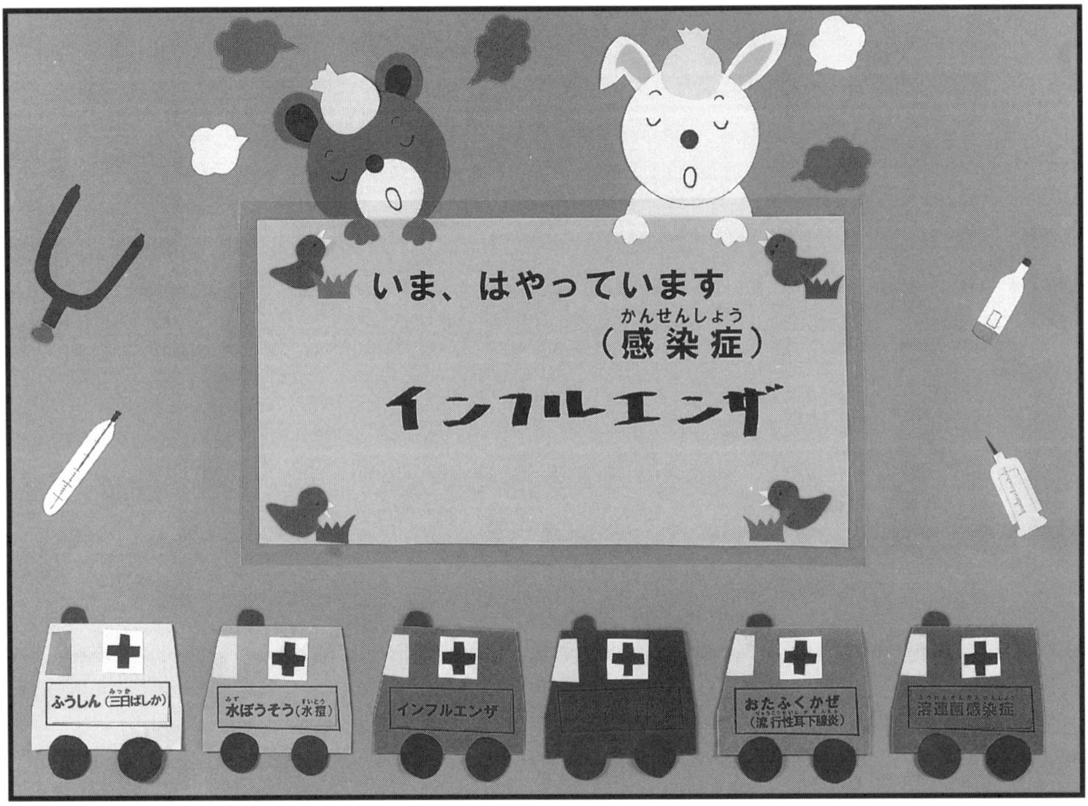

▶［背景］あお

いま、どんな病気がはやっているのかな？　いつ、どんな病気がはやるのかなど、感染症の病気について知っておくと、予防ができることを指導しましょう。

くまさんとうさぎさん、お熱が出て病気になってしまいました。どんな病気なの？　おしえて！　早く元気になってね！

作り方

［一口知識］

救急車の色
みず・もも・あか
こいきみどり
みどり・みかん

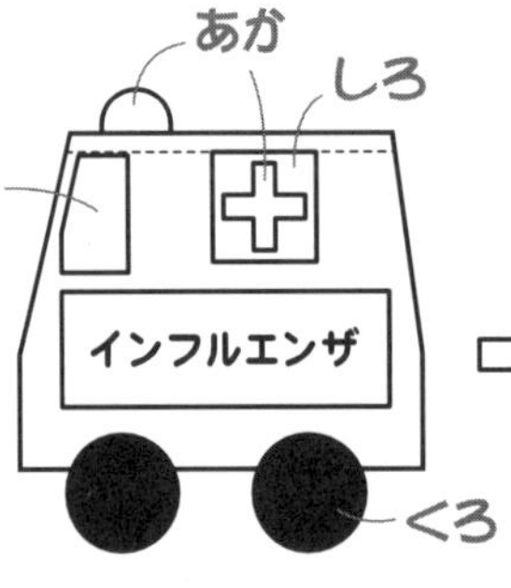

⇨ 折れ目の裏からセロハンテープをはって補強する

型紙…P.74～

[くま・うさぎ・医療器具]

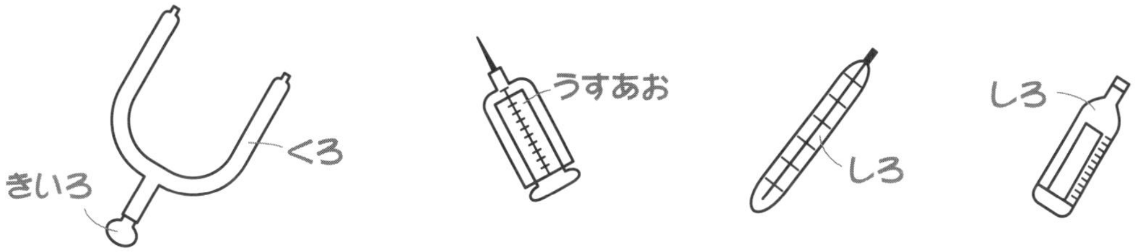

きいろ
くろ
うすあお
しろ
しろ

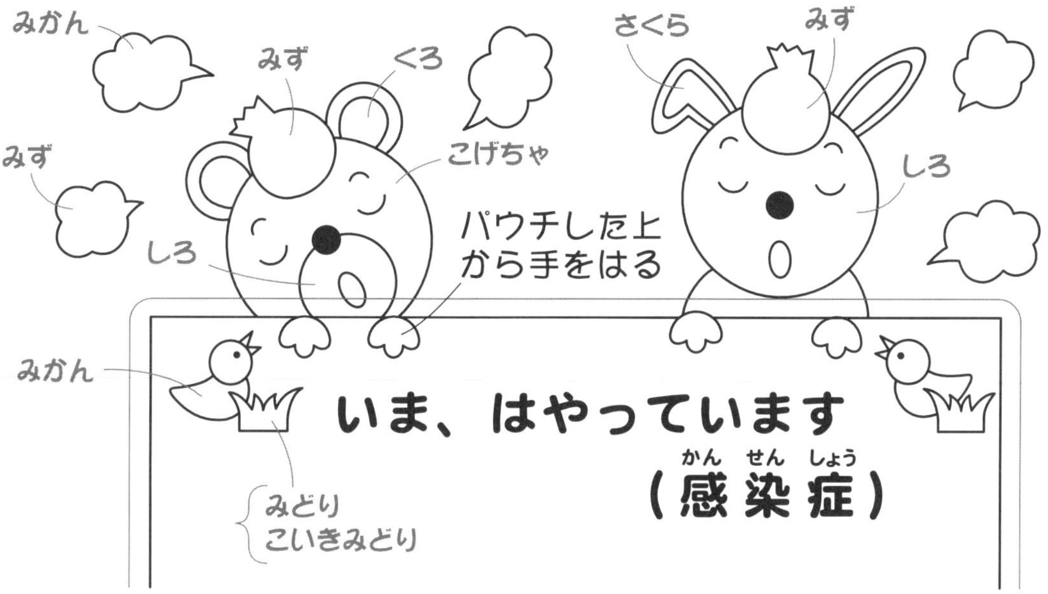

みかん
みず
くろ
さくら
みず
みず
こげちゃ
しろ
しろ
パウチした上
から手をはる
みかん
いま、はやっています
（感《かん》染《せん》症《しょう》）
みどり
こいきみどり

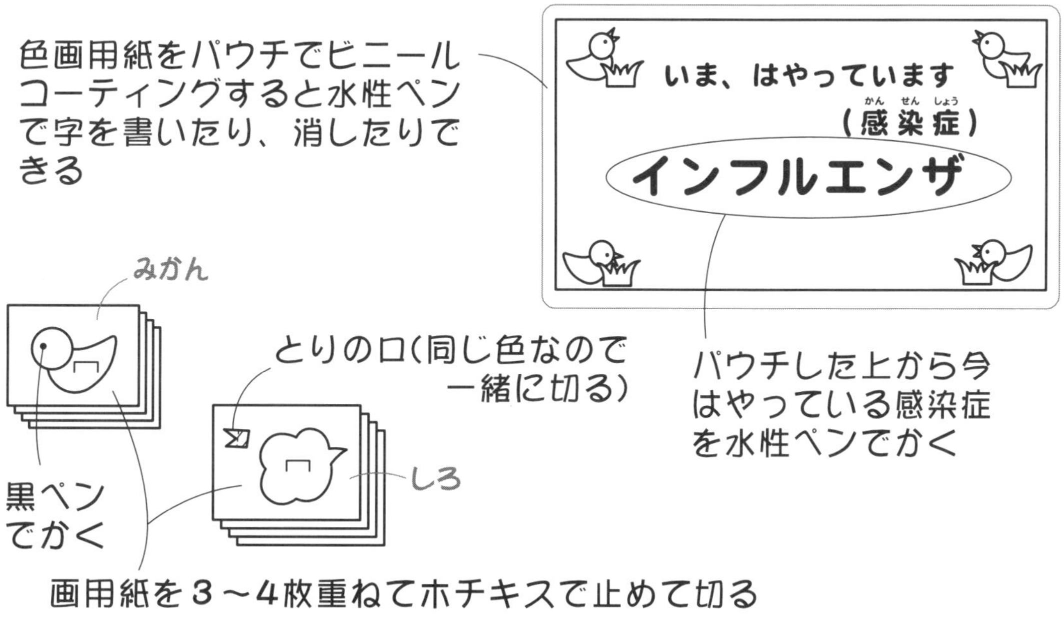

色画用紙をパウチでビニール
コーティングすると水性ペン
で字を書いたり、消したりで
きる
いま、はやっています
（感《かん》染《せん》症《しょう》）
インフルエンザ
パウチした上から今
はやっている感染症
を水性ペンでかく
みかん
とりの口(同じ色なので
一緒に切る)
しろ
黒ペン
でかく
画用紙を３～４枚重ねてホチキスで止めて切る

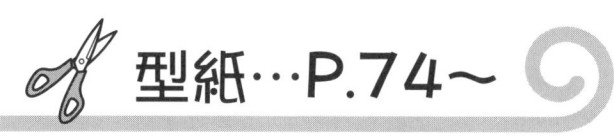

9月 けがのクイズ

クイズの内容はP.79～

けがのクイズ
けがに気をつけて
救急の日はいつ？
①8月7日
②9月9日
③10月10日
すりきず・きりきずをした時
どうすればいいの？
①すぐに包帯をまく
②傷口を洗い流し、消毒する
③すぐにキズテープをはる
つき指をした時
どうすればいいの？
①指を冷やし、動かさないようにする
②指をひっぱり動かす
③指を温める
やけどをした時
どうすればいいの？
①すぐに油をぬる
②すぐにしょう油をぬる
③すぐに冷やす

▶［背景］あい

人や自分がけがをしたとき、かんたんなけがの手当てができるように指導しましょう。

ぼく、おいたをしてけがをしてしまいました。いたいよ！
救急車さん、早く病院に連れていってー。

作り方

［雲］

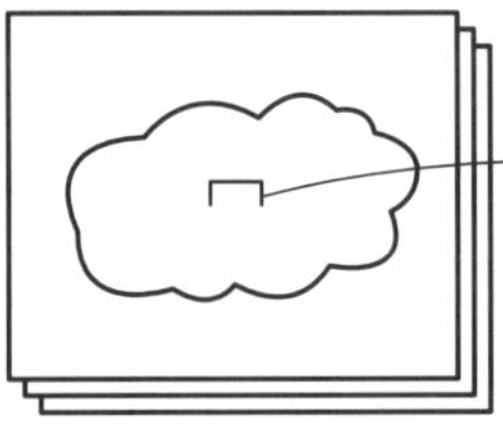

画用紙を２～３枚重ねてホチキスで止めて切る

［木］

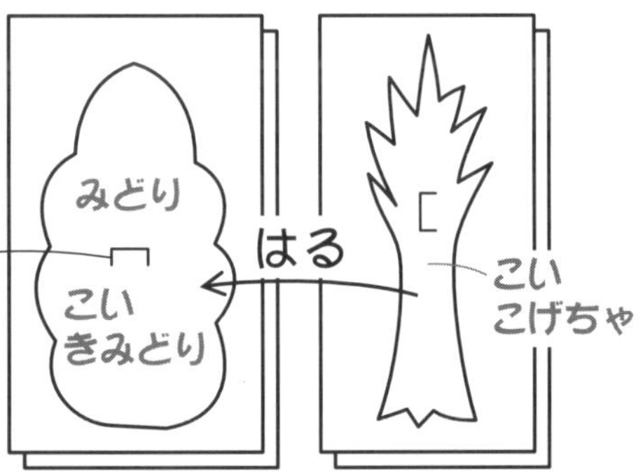
みどり
こい
きみどり
はる
こい
こげちゃ

型紙…P.78～

[おとこのこ]

目・口・鼻は黒の油性ペンでかく
しろ
頭髪
こいこげちゃ
上にはる
包帯
切りこみ
さくら
うすもも
①
①まつば杖を切りこみに差しこむ
輪郭を黒の油性ペンでかく
うすあお
②
のりしろ
しろ
②まつば杖をはってから手をはる
下にはる
包帯
手
うすもも
包帯の線は黒の油性ペンでかく
こげちゃ
うすあお

[病院]

①→④の順に下からはってゆく

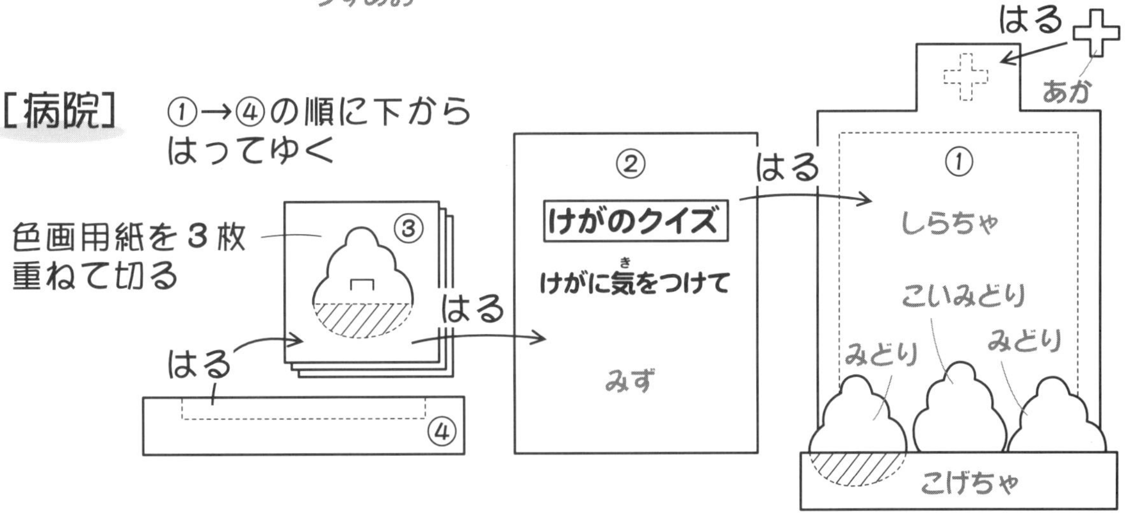
はる
あか
色画用紙を３枚重ねて切る
③
②
けがのクイズ
けがに気《き》をつけて
みず
はる
①
しらちゃ
こいみどり
みどり
みどり
はる
はる
④
こげちゃ

[クイズ]

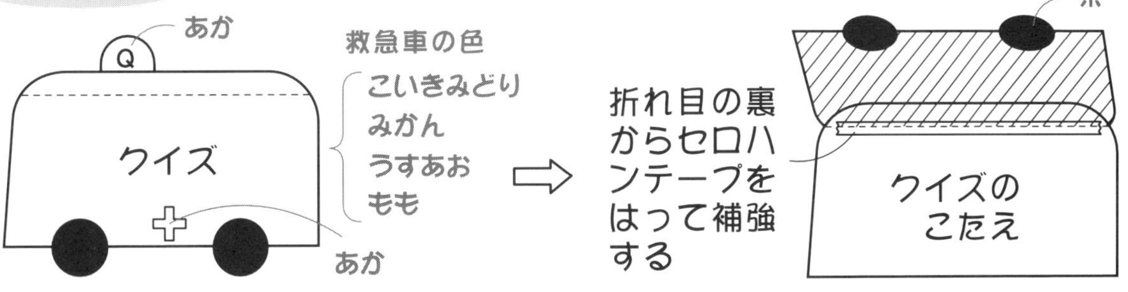
あか
Q
クイズ
あか
救急車の色
こいきみどり
みかん
うすあお
もも
折れ目の裏からセロハンテープをはって補強する
茶
クイズのこたえ

10月 うんどうかいだよ！

一口知識の内容は P.81〜

あせをかいたら、すぐふきましょう
ハンカチタオルをわすれないでね
あさごはんをしっかりたべましょう
て、あしのつめをきりましょう
よるははやくねましょう
うんどうのあとはうがいてあらいをしましょう
うんどうかいだよ！

▶［背景］あお

朝夕の気温の差が激しい季節、元気で楽しい運動会を迎えられるように、体調に気をつけるように指導しましょう。

今日は楽しい運動会。赤勝て！　白勝て！
赤い玉、白い玉がみんなの声援で楽しくおどっているよ。

作り方

ねずみ
万国旗をつるすひも
画用紙を細く切る

［一口知識］

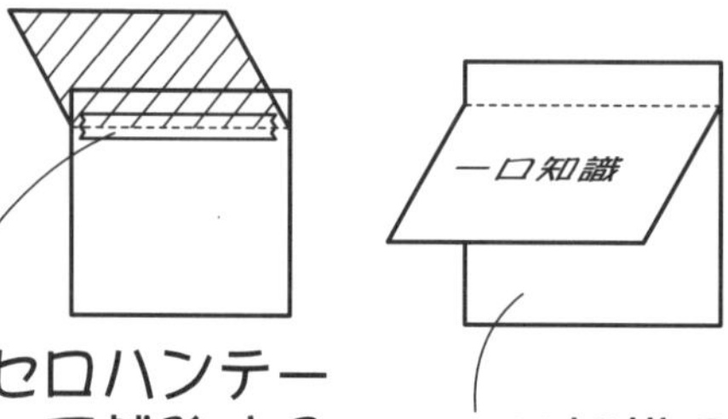
裏からセロハンテープをはって補強する
一口知識
一口知識の内容

万国旗の色
- みず
- こいもも
- こいきみどり
- みかん
- みどり
- さくら

型紙…P.80～

[うさぎ]

もも
あか
しろ
まゆ・目・鼻は
黒い油性ペンで
かく
さくら
あか
さくら
割りピン
しろ
白い紙を
切ってはる
あい
あい

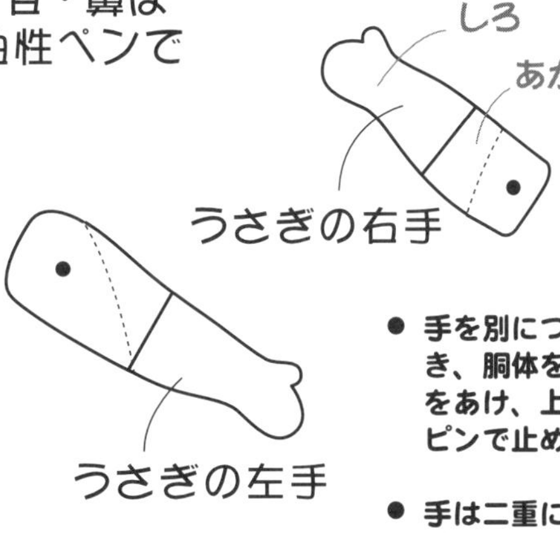
しろ
あか
うさぎの右手
うさぎの左手

- 手を別につくっておき、胴体を重ねて穴をあけ、上から割りピンで止める
- 手は二重にしたほうがじょうぶになる

[ねこ]

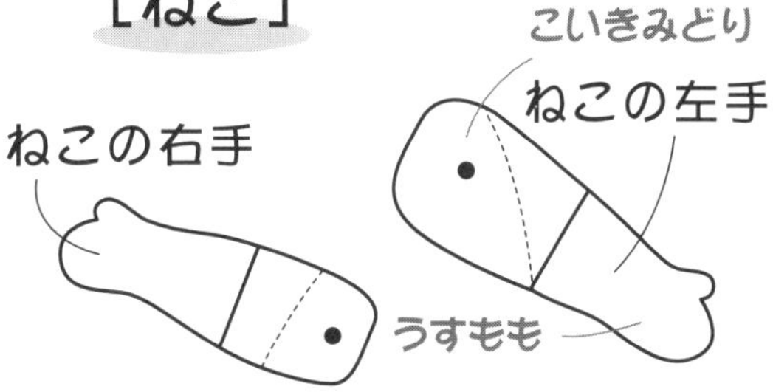
こいきみどり
ねこの左手
ねこの右手
うすもも

こいきみどり
あい
こいきみどり
こげちゃ
うすもも
きみどり
あい
あい
あい

[玉入れかご]

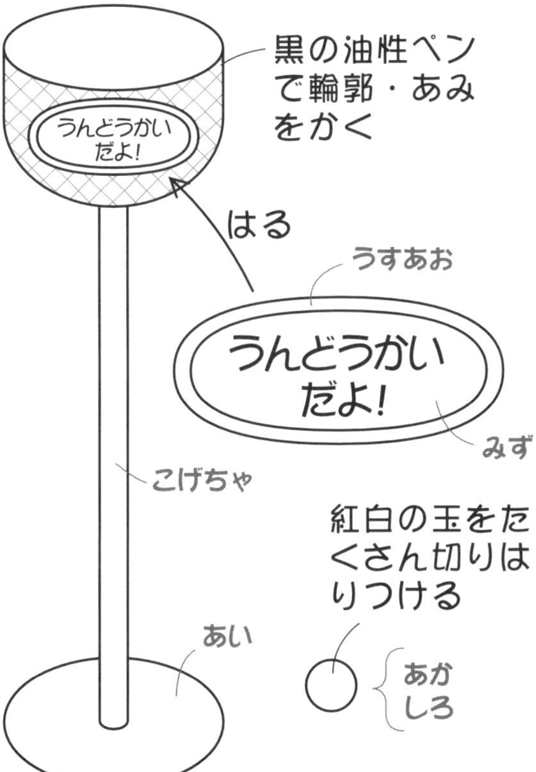
うんどうかい
だよ!
黒の油性ペン
で輪郭・あみ
をかく
はる
うすあお
うんどうかい
だよ!
みず
こげちゃ
紅白の玉をた
くさん切りは
りつける
あい
あか
しろ

10月 目のクイズ

クイズの内容はP.84～

目《め》のクイズ
10月10日は
目《め》の愛護《あいご》デー
にんじん
Q1
目《め》のしくみ
とにているもの
はなに？
①コンピューター
②テレビ
③カメラ
Q2
目《め》にごみが
入《はい》った時《とき》、どうすれ
ばいいの？
①目《め》をこする
②目《め》をこすらない
で水《みず》で洗《あら》う
③すぐ目薬《めぐすり》を
さす
Q4
本《ほん》を読《よ》む時《とき》
どのくらい、
はなすといいの？
①15cm
②10cm
③30cm
以上《いじょう》
Q3
テレビを見《み》る時《とき》
どれくらい、はなれ
て見《み》るといいの？
①30cm
②1m
③2～3m

▶［背景］あお

近視の予防方法を知り、目を大切にしようとする意識が高まるよう指導しましょう。

テレビゲームばかりしているので近視になっていないかな？
これ見えますか？　上です！！　今はだいじょうぶだけれど、近視にならないように気をつけようね。

作り方

［雲］

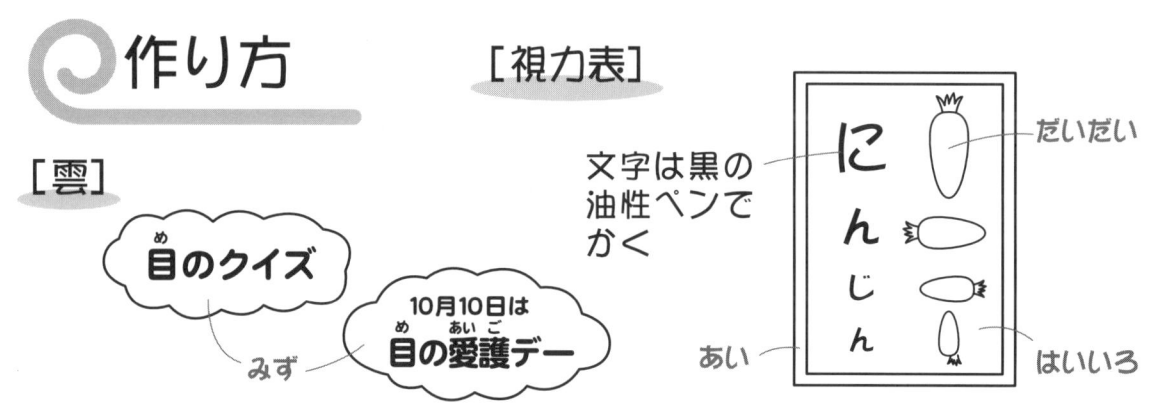

目《め》のクイズ
10月10日は
目《め》の愛護《あいご》デー
みず

［視力表］

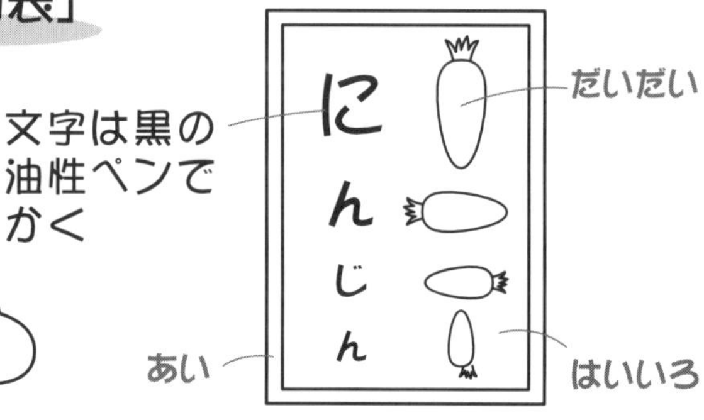
文字は黒の油性ペンでかく
にんじん
だいだい
あい
はいいろ

[うさぎ]

型紙…P.83～

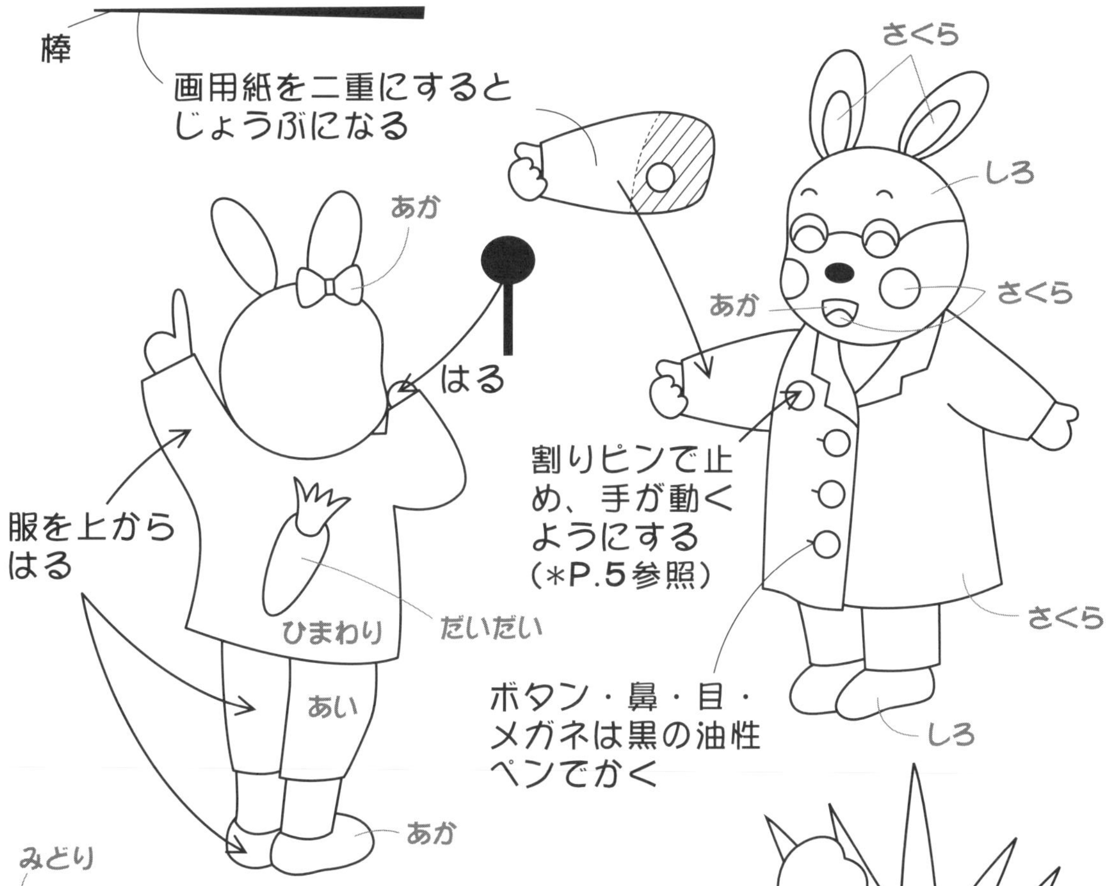

棒
画用紙を二重にすると
じょうぶになる
あか
はる
服を上から
はる
ひまわり
だいだい
あい
あか
さくら
しろ
さくら
あか
割りピンで止
め、手が動く
ようにする
(＊P.5参照)
さくら
ボタン・鼻・目・
メガネは黒の油性
ペンでかく
しろ

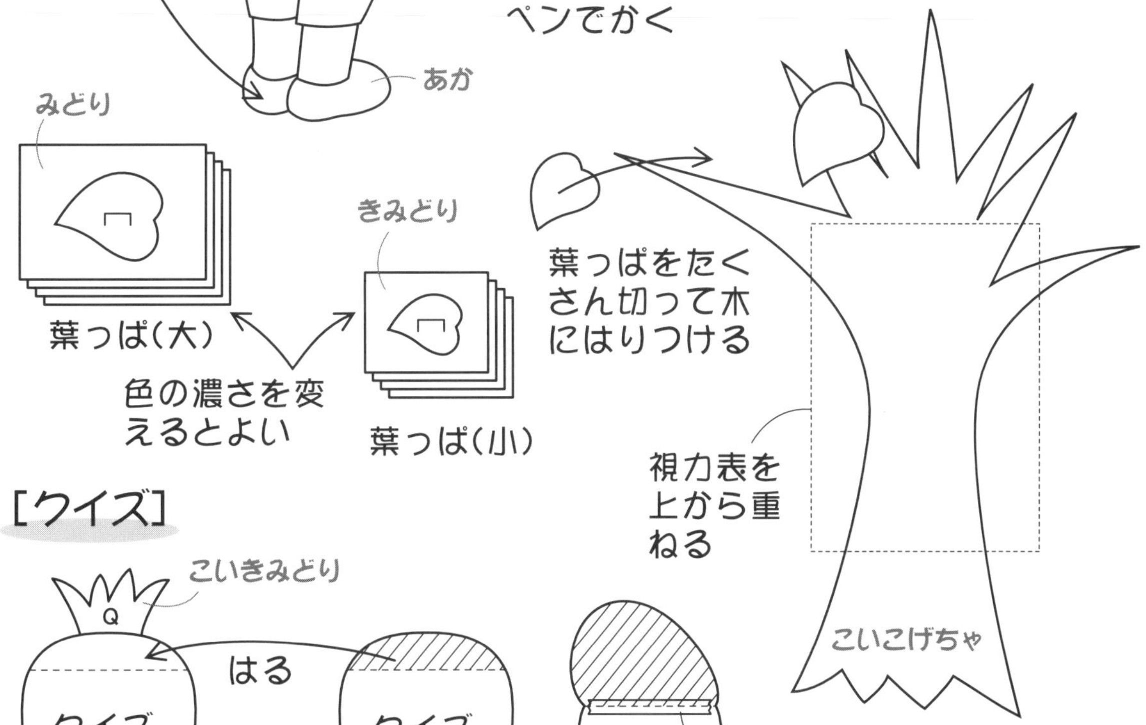

みどり
葉っぱ(大)
きみどり
葉っぱ(小)
色の濃さを変
えるとよい
葉っぱをたく
さん切って木
にはりつける
視力表を
上から重
ねる
こいこげちゃ

[クイズ]

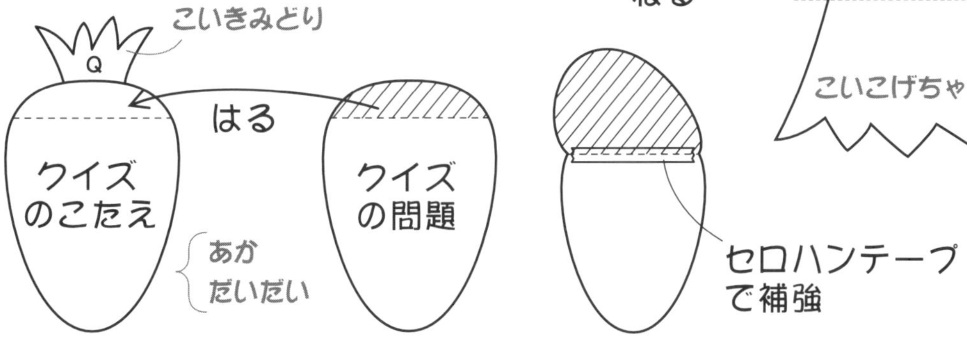

こいきみどり
Q
はる
クイズ
のこたえ
クイズ
の問題
あか
だいだい
セロハンテープ
で補強

11月 かぜに気をつけましょう！

一口知識の内容はP.87

かぜに気をつけましょう！
バイキンやウイルスはせきやくしゃみでどこまでとぶのかな～
5m ハクション
3m コンコン
1m ペチャクチャおしゃべり
コンコン
かぜの予防《よぼう》
ガラガラうがいをしましょう
しっかり手《て》を洗《あら》いましょう

▶［背景］みず

かぜやインフルエンザが流行する時期、うがいや手洗いをする習慣をしっかり身につけるように指導しましょう。

ハクション！　コンコン！　くまさんはとうとうかぜをひいてしまいました。ウサギさん、ねこさんはくまさんのようにならないよう、うがいと手洗いでかぜを防ぎます。

作り方

［くも］

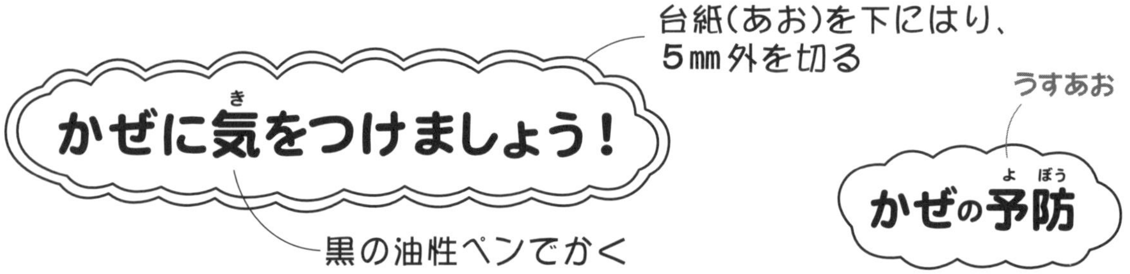
台紙（あお）を下にはり、
5㎜外を切る
かぜに気《き》をつけましょう！
黒の油性ペンでかく
うすあお
かぜの予防《よぼう》

型紙…P.86～

[くま]

めくると
一口知識
バイキンやウイルスは
せきやくしゃみでどこまで
とぶのかな～
下に黒の台紙
をはり3 外を切る
黒の油性ペン
でぬる
もも
こげちゃ
しろ
コン
コン
もも
包装紙
手を上から
はる
色エンピツで
お花をかく
もも

よりかんたんな方法

- うさぎの手………割りピンなしでもよい
- くまのスカート…折らずに切ってはるだけでもよい

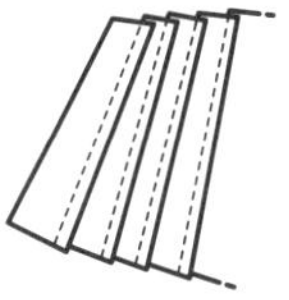

①スカートは包装紙を折ってひだをつくり、立体的にする
②スカートをはってから上のセーターをはる

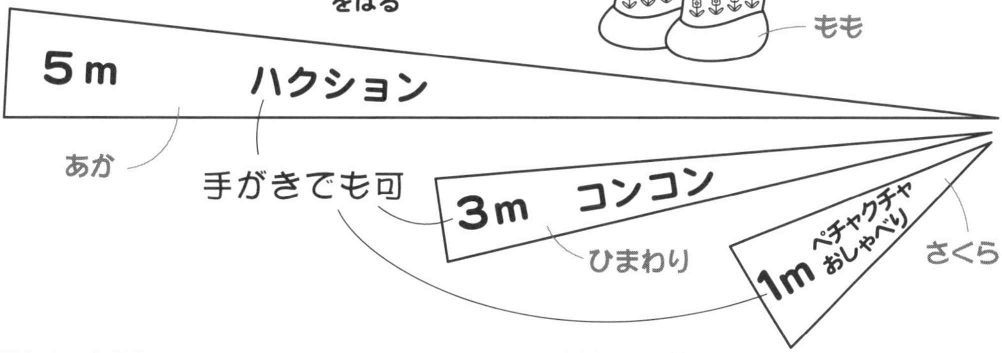
5m
ハクション
あか
手がきでも可
3m コンコン
ひまわり
1m ペチャクチャおしゃべり
さくら

[うさぎ]

めくると一口知識
ガラガラうがい
をしましょう
さくら
うすあお
しろ
包装紙
みかん
みみちゃん
手は別に作って
割りピンで止める
画用紙を二重にす
るとじょうぶになる(＊P.5参照)
割りピン

[ねこ]

あい
こげちゃ
クリーム
うすあお
しろ
しっかり石《せっ》けんで
手《て》を洗《あら》いましょう
あお
うすあか
めくると一口知識

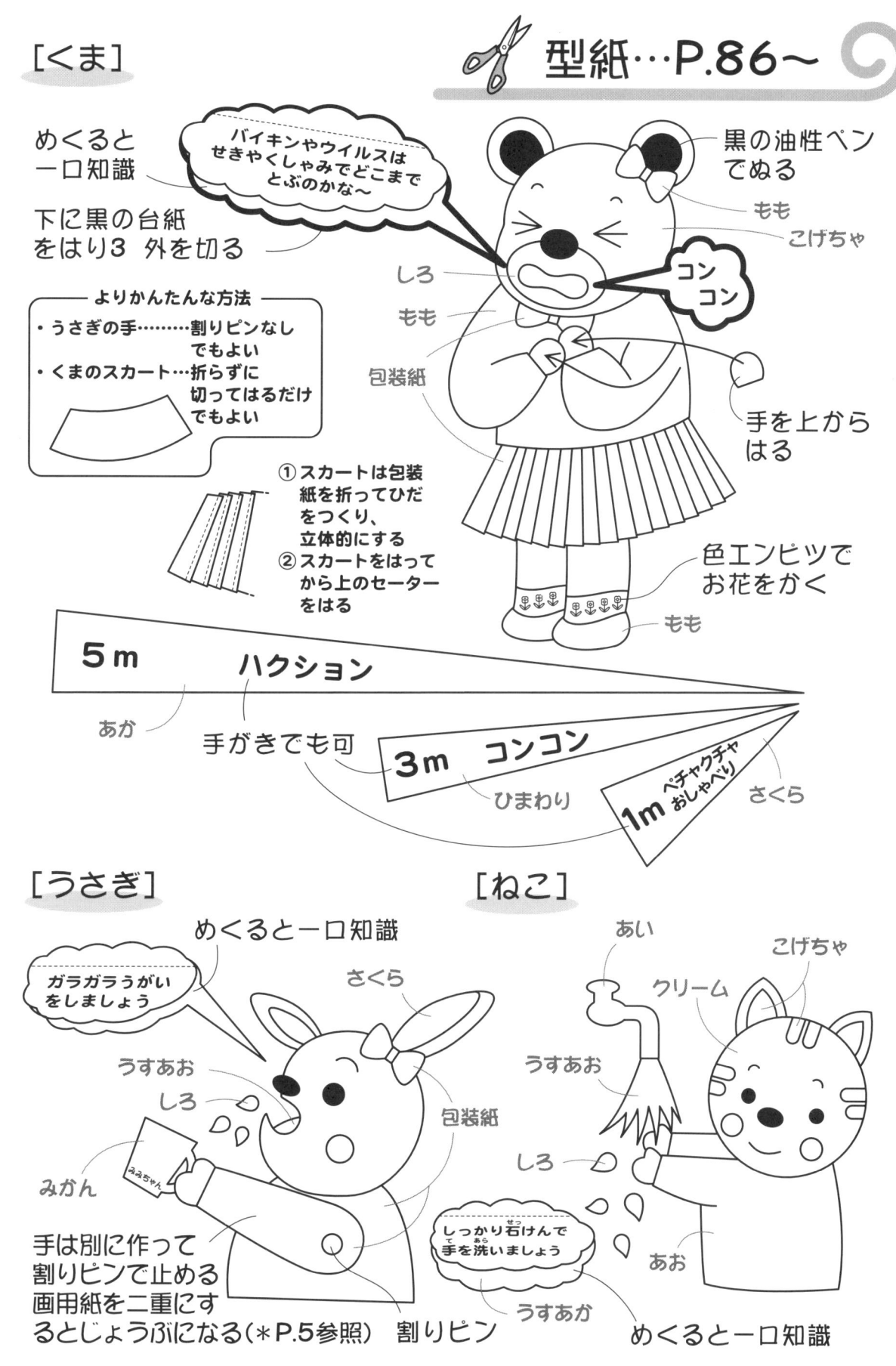

11月 かぜクイズ

クイズ
の内容は
P.89～

うがい・手《て》洗《あら》いでかぜ予《よ》防《ぼう》
かぜ
クイズ
かぜに負けない
ようにするには？
①薬をのむ
②夜遅くまで、テレビ
をみる
③バランスのとれた食事
をする
せきはどうしてでるの？
①肺を守るため
②胃を守るため
③心臓を守るため
お茶でうがいをする
といいの？
①よい
②悪い
③関係ない
熱がでるのはなぜ？
①白血球が戦い
始めたから
②赤血球が戦い
始めたから
③血小板が戦い
始めたから

▶［背景］ あお

だんだん寒くなり、かぜやインフルエンザにかからないために、日頃の生活リズムを整え、予防する習慣が身につくよう指導しましょう。

ねこさんは大きなお口を開けて、上を向いてガラガラ！
いぬさんは手のひら、手のこう、ゆびの間をきれいにじゃぶじゃぶ洗います。
これでかぜのバイキンもよってこないよ！

作り方

［雲］

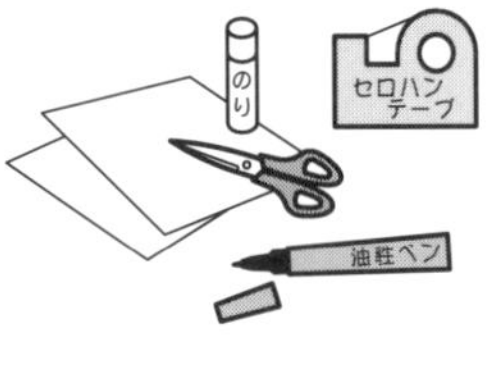
のり
セロハンテープ
油性ペン

うがい・手《て》洗《あら》いでかぜ予《よ》防《ぼう》

型紙…P.88～

[手洗い場]

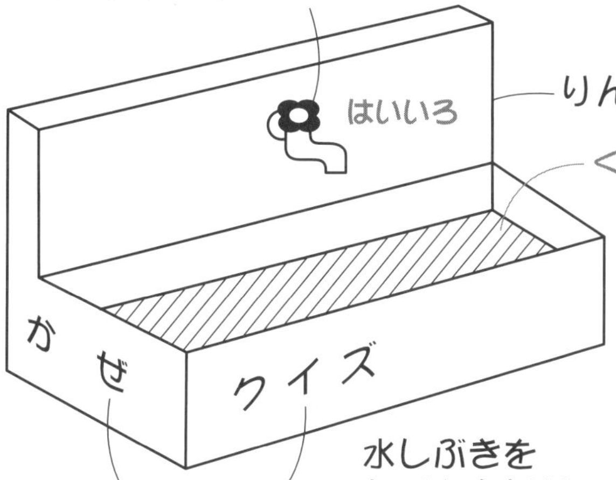
黒の油性ペンでかく
はいいろ
りんかくを黒の油性ペンでかく
くらいはいいろ
かぜ
クイズ
手がき
水しぶきを
たくさん切り、
てきとうにはる
みず

[ねこのおとこのこ]

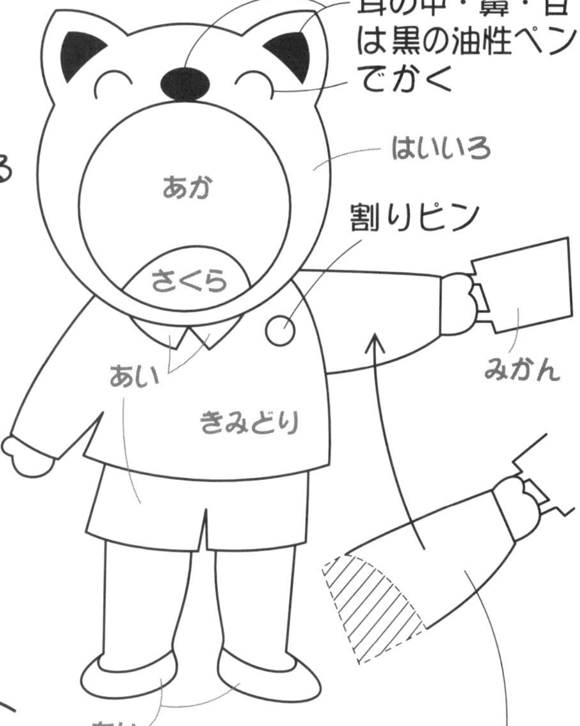
耳の中・鼻・目
は黒の油性ペン
でかく
はいいろ
あか
割りピン
さくら
あい
きみどり
みかん
あい
手を別につくって割り
ピンで止める
画用紙を二重にすると
じょうぶになる
(＊P.5参照)

[いぬのおんなのこ]

目・鼻は黒
の油性ペン
でかく
あか
リボン
を2枚
切って
はる
しろ
くろ
スカート
は包装紙
あか

[クイズ]

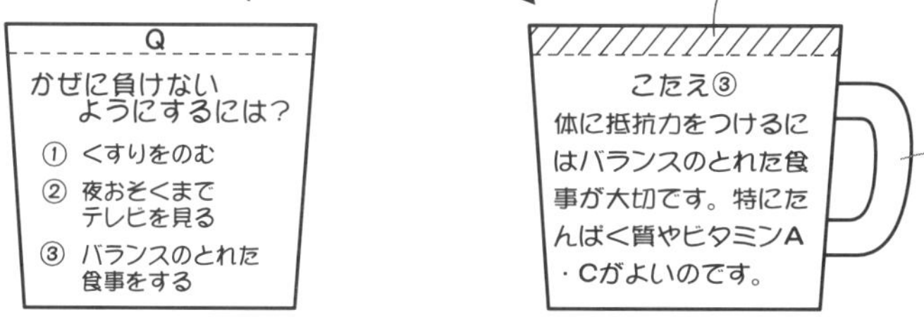
クイズの答えの上に
Qをはる
Q
かぜに負けない
ようにするには?
① くすりをのむ
② 夜おそくまで
テレビを見る
③ バランスのとれた
食事をする
のりしろ
こたえ③
体に抵抗力をつけるに
はバランスのとれた食
事が大切です。特にた
んぱく質やビタミンA
・Cがよいのです。
コップの色
みかん
さくら
みず
きみどり

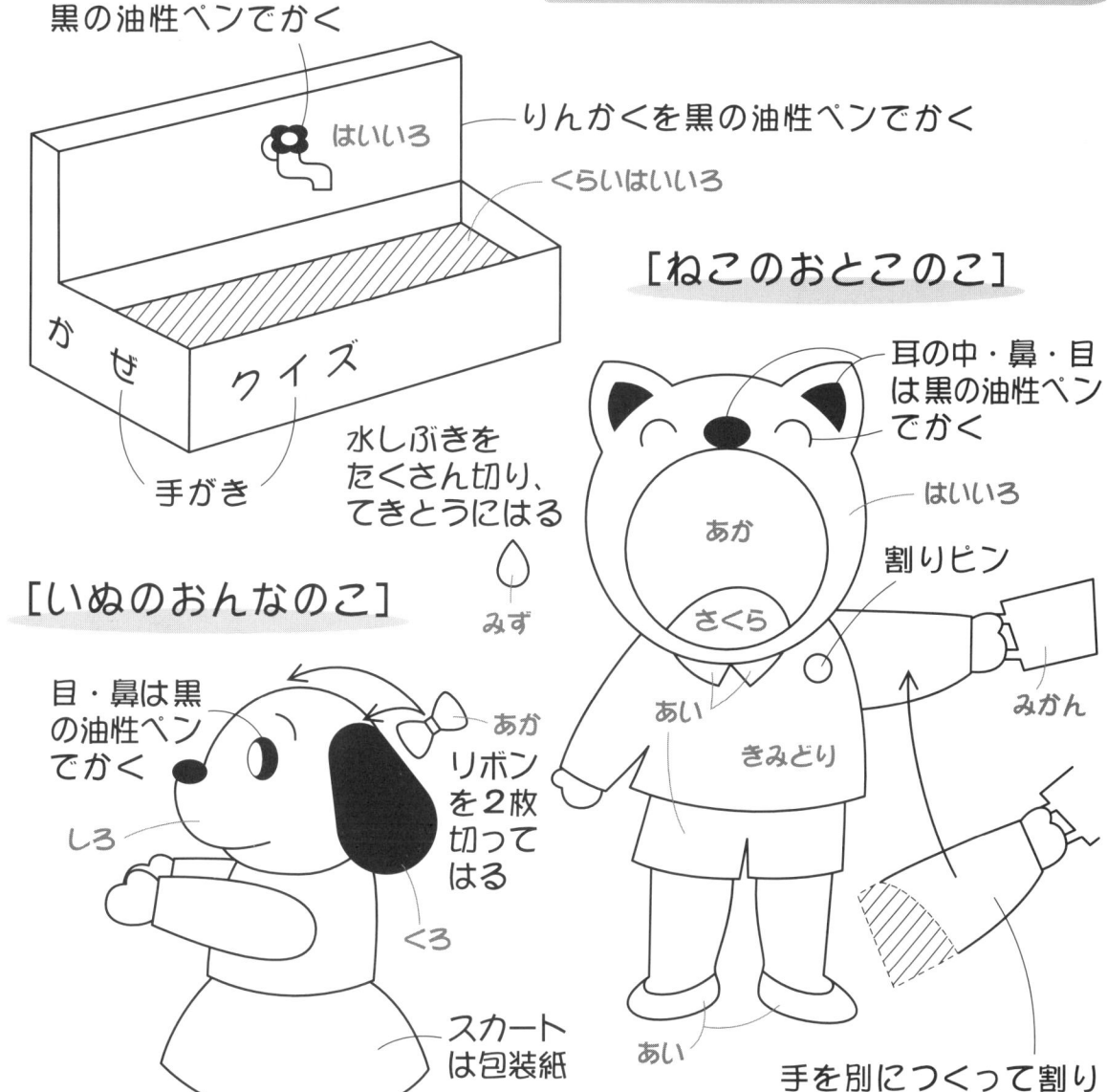

12月 まどをあけようね！

一口知識の内容はP.92

まどをあけようね！
くうきをいれ
かえましょう
ぼくのからだにさわらないでね
ときどきまどをあけてね
ストーブのおやくそく
ぼくのちかくであそばないで
やけどにきをつけてね

▶［背景］あい

窓をしめきったままでは、部屋中かぜやインフルエンザのバイキンでいっぱいです。窓を開けて空気を入れ替えることの大切さを指導しましょう。

ストーブで部屋はポカポカだけど、窓を閉めきったままだから頭がいたいよー
窓を開けて、空気を入れ替えましょう！
あ、ネズミさんがメリークリスマスって言ってるよ！

作り方

［ねずみとクリスマスツリー］

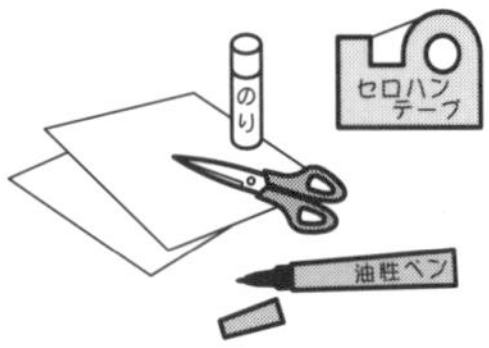
のり
セロハンテープ
油性ペン

窓の中にはる
みどり
ひまわり
目・ひげ・口は黒の油性ペンでかく
あか
しろ
はいいろ
あか

［まど］

型紙…P.91～

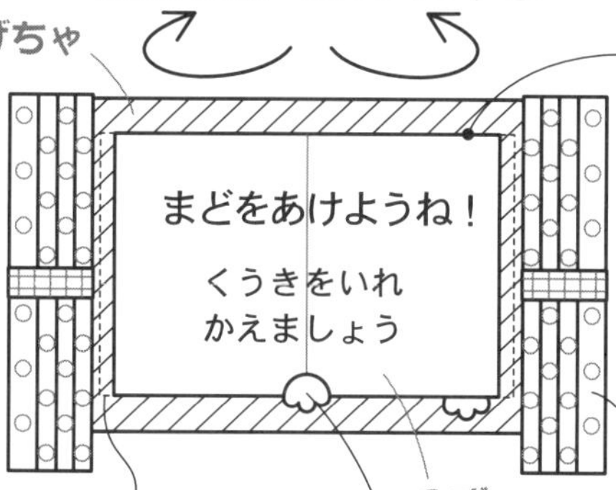
まどをあけようね！
くうきをいれ
かえましょう
こげちゃ
みず

まどを開くようにする

まど枠はカッターで四角くあける

包装紙を折って立体的にする

まどの端を2㎝程折り曲げて、まど枠の裏にのりではる

ネズミの手がまどのストッパーになる

まどを開けると

まどを開ければ、サンタのネズミが「メリークリスマス」（カバー裏参照）

［いぬ・ストーブ・ぶた］

こげちゃ
しろ
うすあお
みず

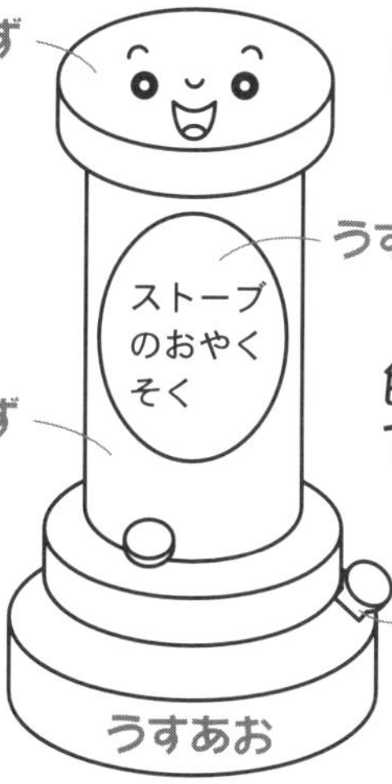
みず
ストーブのおやくそく
うすあお
みず
あか
うすあお

こいもも
うすもも
さくら
あか
こいもも

目・鼻は黒の油性ペンでかく

割りピン

画用紙の上に包装紙をはる

割りピン

色エンピツで花をかく

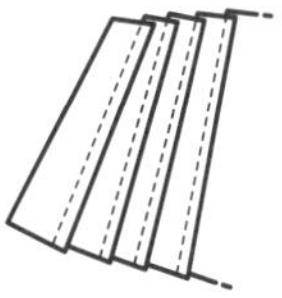

① スカートは包装紙を折ってひだをつくり、立体的にする
② スカートをはってから上のセーターをはる

［一口知識］

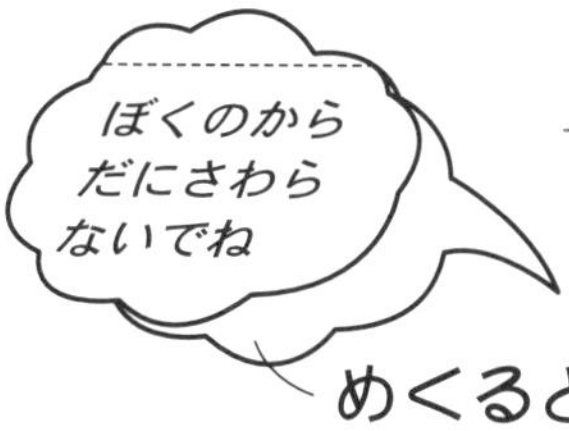
ぼくのからだにさわらないでね

あか
きみどり
うすあお
ひまわり

めくると一口知識

よりかんたんな方法

① まどを開けるようにしないで、そのままにする
② くまさん・ぶたさんの手は割りピンをしないでのりではる
③ ぶたさんのスカートは折らずに包装紙をスカートの形に切る

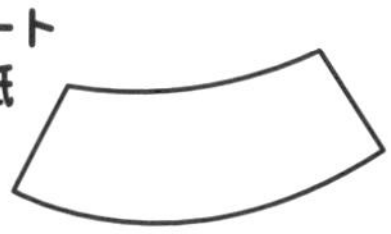

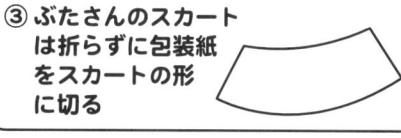

12月 すいみんクイズ

クイズ
の内容は
P.94～

早寝《はやね》・早起《はやお》き
をしましょう
すいみん
クイズ
Q１
人間はなぜ、眠るの？
①夢を見るため
②脳や神経・体を休める
ため
③体温を保つため
Q２
7～9才の頃、何時間
くらい寝るといいの？
①5～6時間
②7～8時間
③9～11時間
Q３
レムすいみんは、
どんなねむりなの？
①からだのねむり
②脳のねむり
③呼吸のねむり
Q４
ノンレムすいみんは、
どんなねむりなの？
①からだのねむり
②脳のねむり
③心臓のねむり

▶［背景］ あい

「寝る子は育つ」のとおり、発育を促す成長ホルモンは睡眠中に分泌されます。睡眠時間が短いと、成長にブレーキをかけてしまうことを指導しましょう。

早く寝る子には楽しい夢を、早起きの子には幸せな１日をプレゼント！
早寝早起きをすると、幸せがいっぱいもらえるね。

作り方

［月・星・太陽］

みかん
クリーム

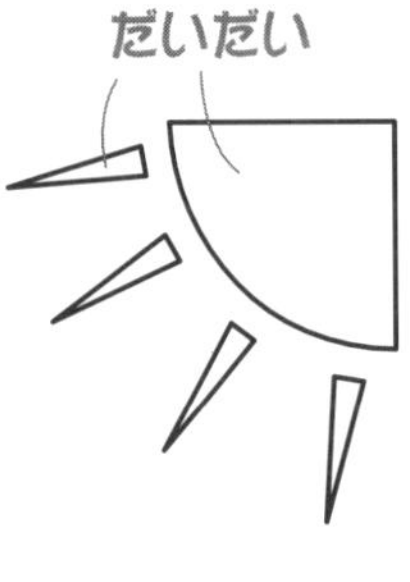

だいだい

［雲］

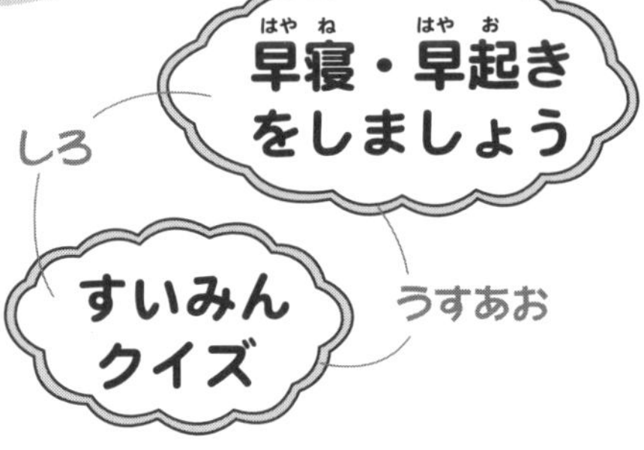

早寝《はやね》・早起《はやお》き
をしましょう
しろ
すいみん
クイズ
うすあお

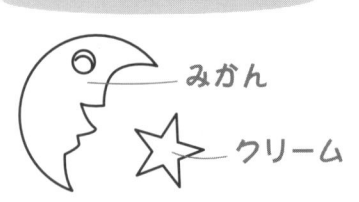

型紙…P.93～

[うさぎ]

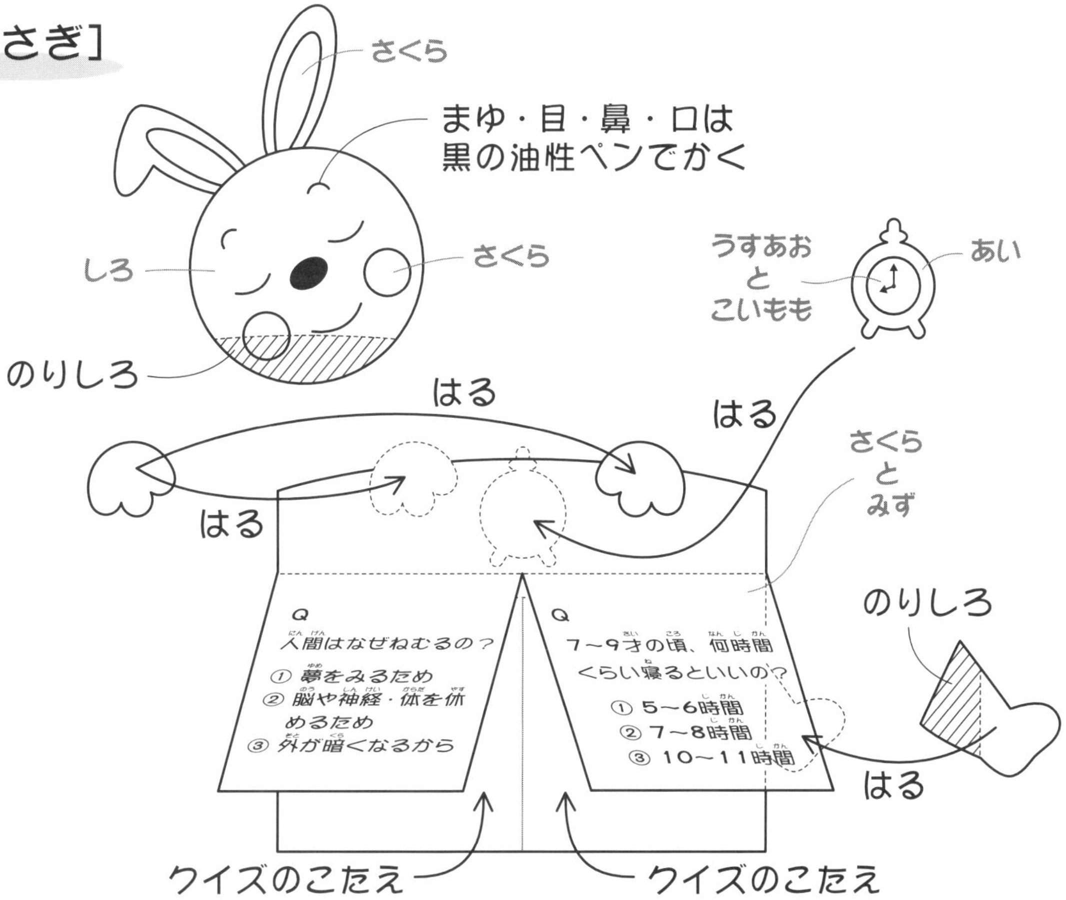
さくら
まゆ・目・鼻・口は
黒の油性ペンでかく
しろ
さくら
うすあお
と
こいもも
あい
のりしろ
はる
はる
はる
さくら
と
みず
Q
人間《にんげん》はなぜねむるの？
① 夢《ゆめ》をみるため
② 脳《のう》や神経《しんけい》・体《からだ》を休《やす》めるため
③ 外《そと》が暗《くら》くなるから
Q
7～9才《さい》の頃《ころ》、何時間《なんじかん》くらい寝《ね》るといいの？
① 5～6時間《じかん》
② 7～8時間《じかん》
③ 10～11時間《じかん》
のりしろ
はる
クイズのこたえ
クイズのこたえ

[ねこ]

こげちゃ
黒の油性ペン
でかく
クリーム
きみどり
のり
白画用紙にねこの絵
をかいて、色をぬっ
たものを切ってはる

Q1
人間はなぜ、眠るの？
①夢を見るため
②脳や神経・体を休める
ため
温を保つため
こたえ③
すいみんには 脳を休める
ノンレムすいみんと
体を休めるレムすいみん
の2種類があります

1月　すき、きらいしないで　なんでもたべようね

一口知識の内容はP.97

すき、きらいしないで
なんでもたべようね
あか・みどり・きいろ のたべものを
バランスよくたべようね！
みどりのたべもの
（やさい・くだもの）
骨《ほね》や歯《は》をつくるお手伝《てつだ》
いをします。
いつも元気《げんき》でいられる
ようにします。
きいろのたべもの
（ごはん・ぱん・おいも）
からだを動《うご》かすガソリン
の役目《やくめ》をします。
元気《げんき》よく勉強《べんきょう》や運動《うんどう》
ができるようにします。
あかのたべもの
（にく・さかな）
みんなのからだを
つくります。
筋肉《きんにく》や骨《ほね》や歯《は》を
つくります。

▶［背景］あお

みどり・きいろ・あかの食べ物をバランスよく食べると、元気な体で毎日を過ごせることを指導しましょう。

みどり・きいろ・あかの食べ物たちと仲よくしようね！
元気がいっぱいもらえるよ！

作り方

［かがみもち］

目・ひげは黒い油性ペンでかく

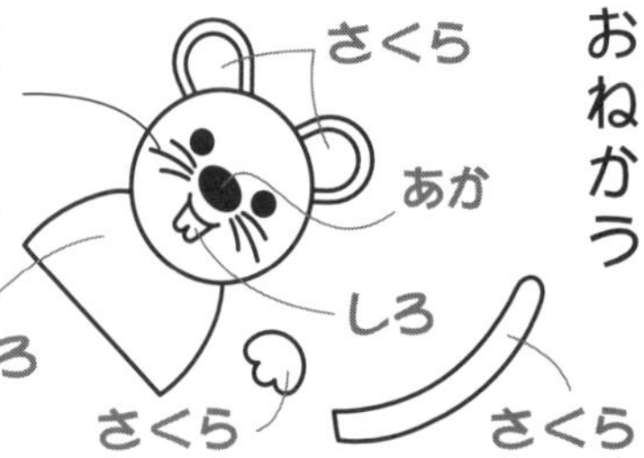
さくら
あか
しろ
はいいろ
さくら
さくら

おかがみはねずみがかじったように切っておく

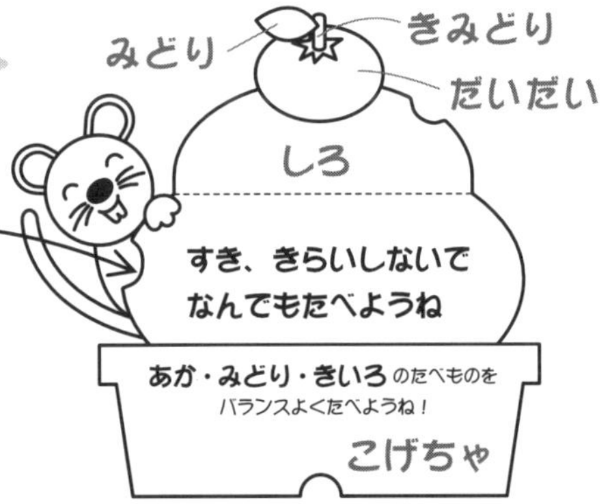
みどり
きみどり
だいだい
しろ
すき、きらいしないで
なんでもたべようね
あか・みどり・きいろ のたべものを
バランスよくたべようね！
こげちゃ

型紙…P.96〜

[うさぎ・ねずみ・ねこ]

目・鼻は黒画用紙を丸く切ってはったり
黒の油性ペンでかく

うさぎとねこの手を別々に
作って割りピンで止める
（画用紙を二重にする）

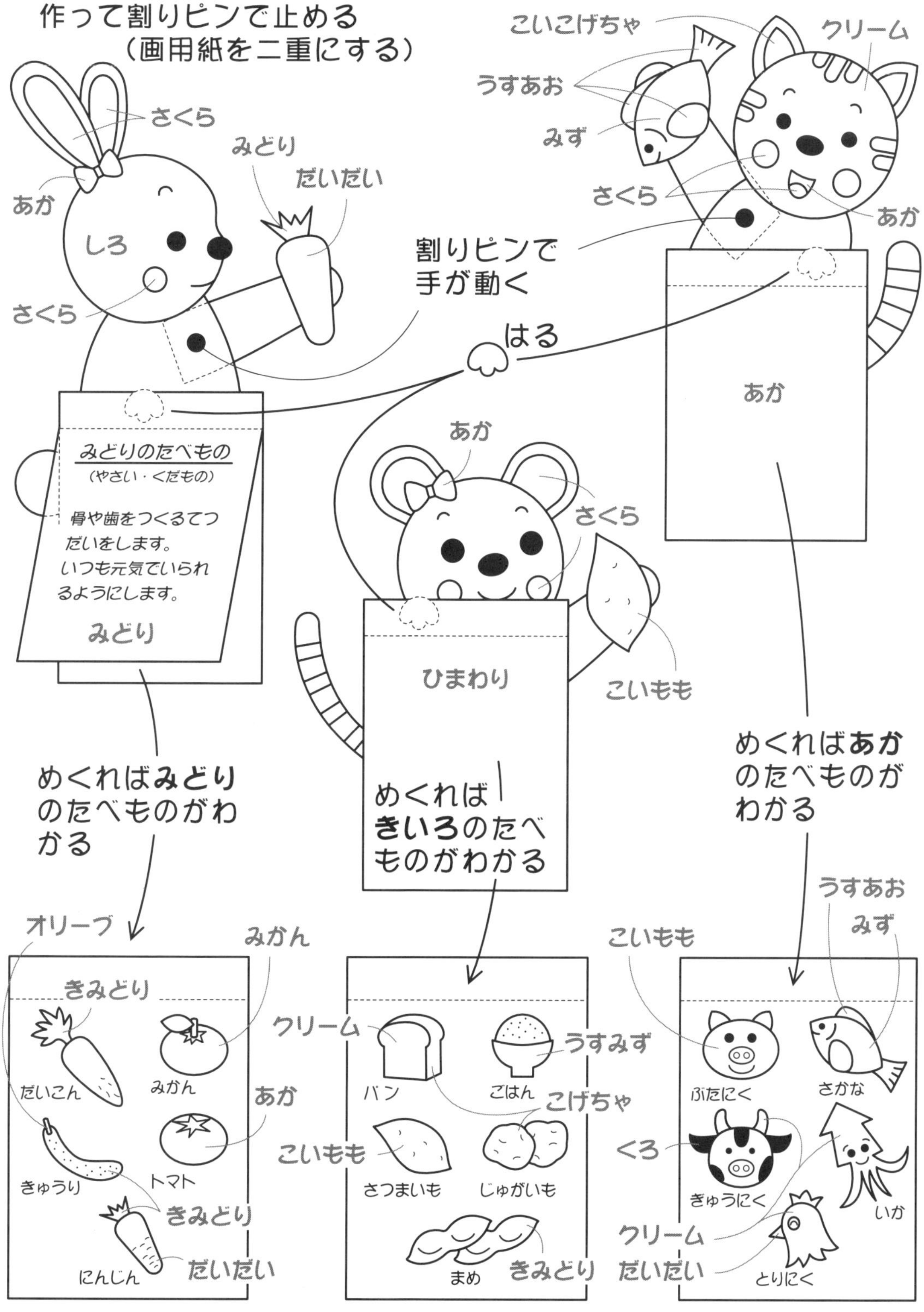

さくら
あか
しろ
みどり
だいだい
さくら
みどりのたべもの
（やさい・くだもの）
骨や歯をつくるてつ
だいをします。
いつも元気でいられ
るようにします。
みどり
こいこげちゃ
クリーム
うすあお
みず
さくら
あか
割りピンで
手が動く
はる
あか
あか
さくら
ひまわり
こいもも
めくればみどり
のたべものがわ
かる
めくれば
きいろのたべ
ものがわかる
めくればあか
のたべものが
わかる
オリーブ
みかん
きみどり
だいこん
みかん
あか
きゅうり
トマト
きみどり
にんじん
だいだい
クリーム
パン
ごはん
うすみず
こげちゃ
こいもも
さつまいも
じゃがいも
まめ
きみどり
こいもも
うすあお
みず
ぶたにく
さかな
くろ
ぎゅうにく
いか
クリーム
だいだい
とりにく

1月 骨のなまえと骨クイズ

クイズの内容はP.99～

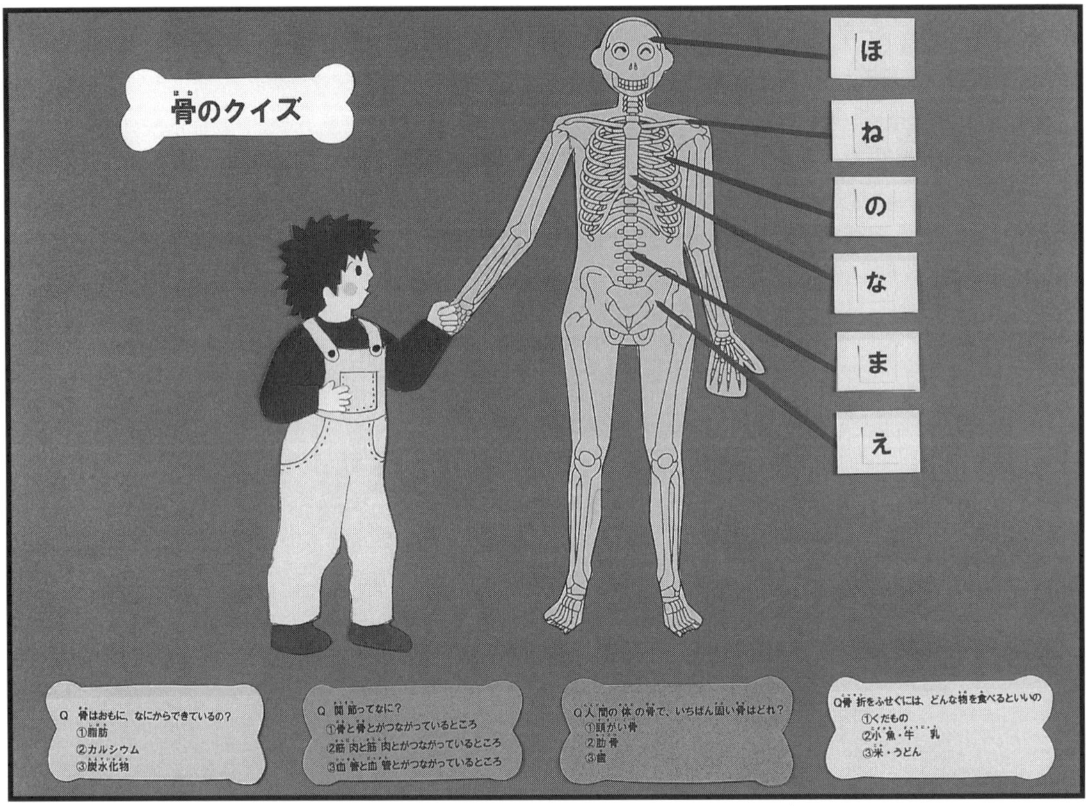
骨のクイズ
ほ
ね
の
な
ま
え
Q 骨はおもに、なにからできているの？
①脂肪
②カルシウム
③炭水化物
Q 関節ってなに？
①骨と骨とがつながっているところ
②筋肉と筋肉とがつながっているところ
③血管と血管とがつながっているところ
Q人間の体の骨で、いちばん固い骨はどれ？
①頭がい骨
②肋骨
③歯
Q骨折をふせぐには、どんな物を食べるといいの
①くだもの
②小魚・牛乳
③米・うどん

▶［背景］あお

体の中のカルシウムは99％が骨と歯の中に蓄えられています。じょうぶな骨を作るために、しっかり牛乳や小魚を摂るよう指導しましょう。

骨さん、こんにちは！　会えてよかったよ。
骨さん、じょうぶな骨にするにはどうすればいいのか教えて！

作り方

［骨］

のり
セロハンテープ
油性ペン

骨《ほね》のクイズ
しろ
手がきでもよい

型紙…P.98～

[子ども・骨人間]

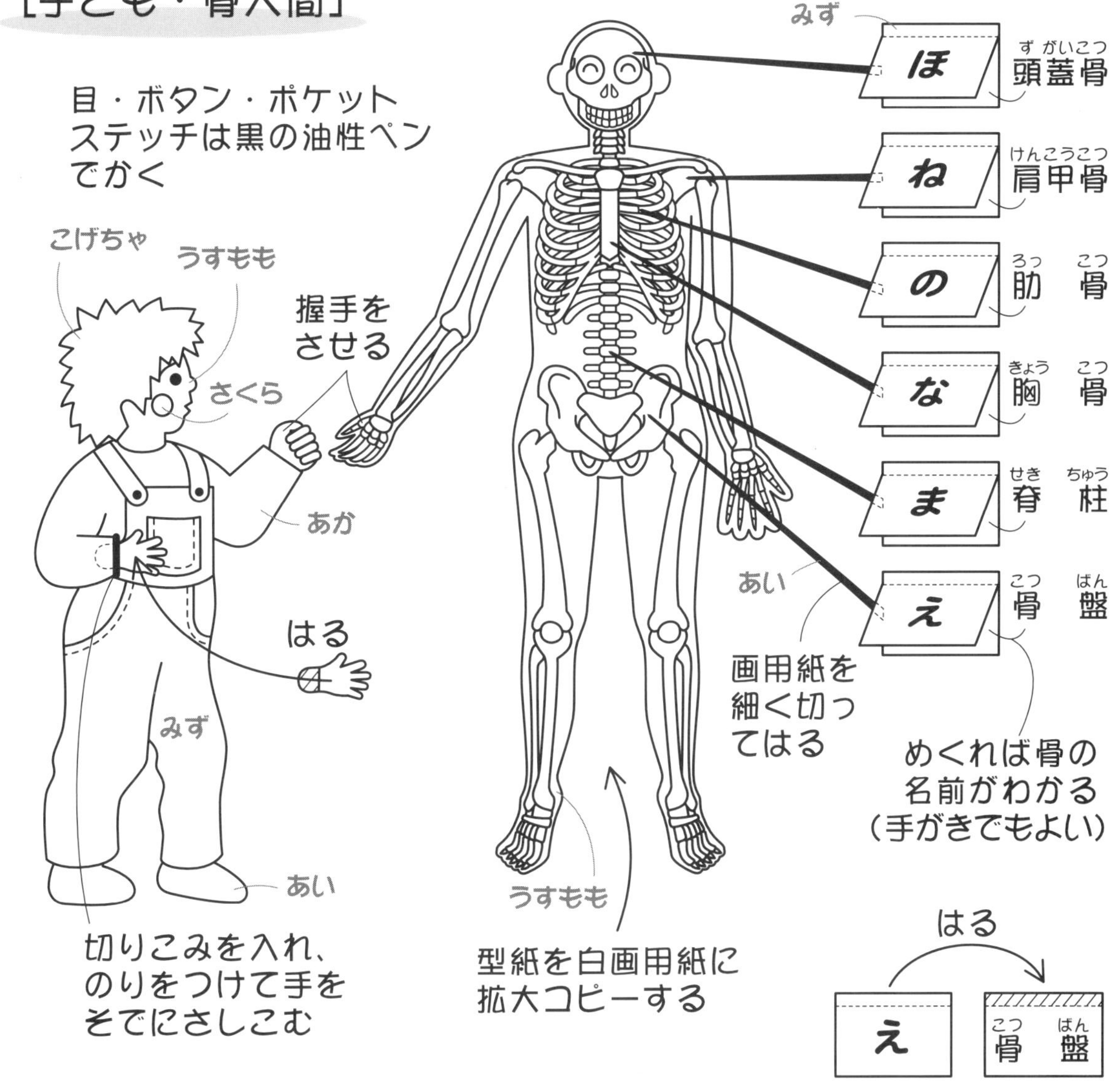

目・ボタン・ポケット
ステッチは黒の油性ペン
でかく
こげちゃ
うすもも
さくら
握手を
させる
あか
はる
みず
あい
切りこみを入れ、
のりをつけて手を
そでにさしこむ
みず
ほ
頭蓋骨《ずがいこつ》
ね
肩甲骨《けんこうこつ》
の
肋《ろっ》骨《こつ》
な
胸《きょう》骨《こつ》
ま
脊《せき》柱《ちゅう》
え
骨《こつ》盤《ばん》
あい
画用紙を
細く切っ
てはる
めくれば骨の
名前がわかる
(手がきでもよい)
うすもも
型紙を白画用紙に
拡大コピーする
はる
え
骨《こつ》盤《ばん》

[クイズ]

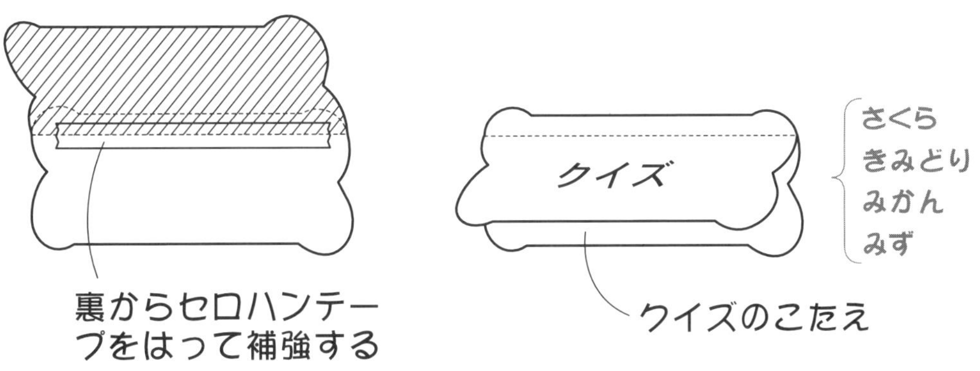

裏からセロハンテー
プをはって補強する
クイズ
さくら
きみどり
みかん
みず
クイズのこたえ

2月 食べ物のゆくえ

一口知識の内容はP.102～

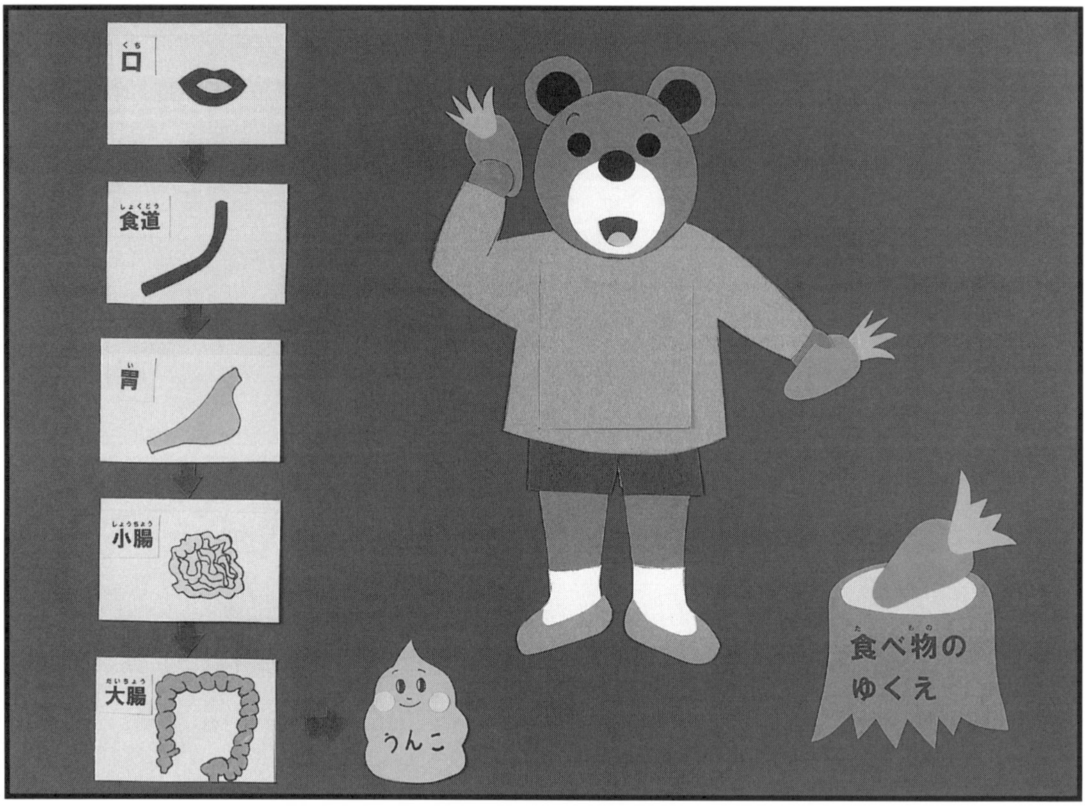
口《くち》
食道《しょくどう》
胃《い》
小腸《しょうちょう》
大腸《だいちょう》
うんこ
食《た》べ物《もの》の
ゆくえ

▶［背景］あい

食べ物が便になるまでの消化のメカニズムを知り、便が自分の健康状態を知るひとつの手がかりになることを指導しましょう。

このにんじんさん、ぼくのお腹の中をどんな旅をするのかな～。
元気な旅になるといいね！

作り方

［きりかぶ］

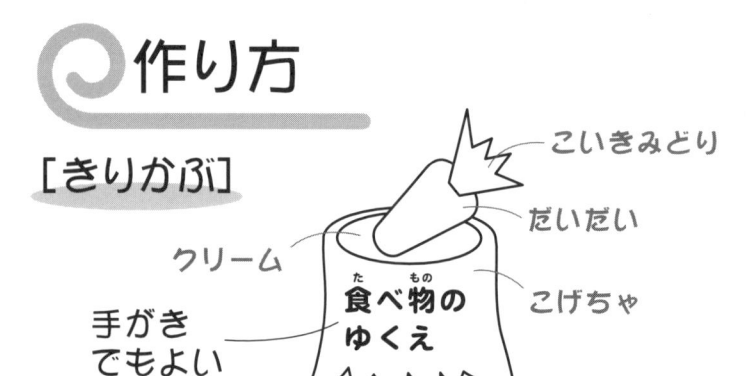

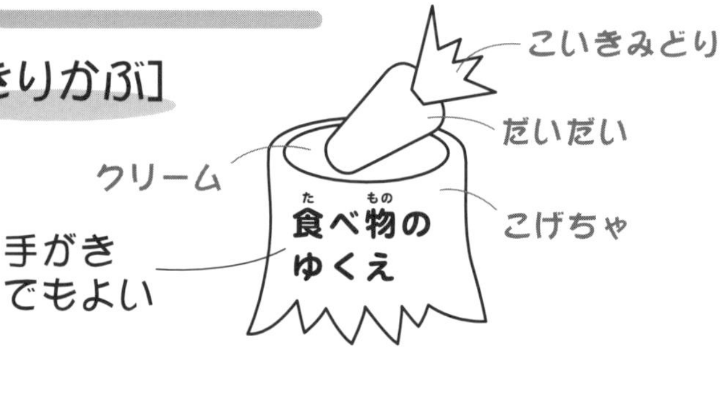
こいきみどり
だいだい
クリーム
こげちゃ
食《た》べ物《もの》の
ゆくえ
手がき
でもよい

食道
大腸
小腸

型紙…P.101～

[くま]

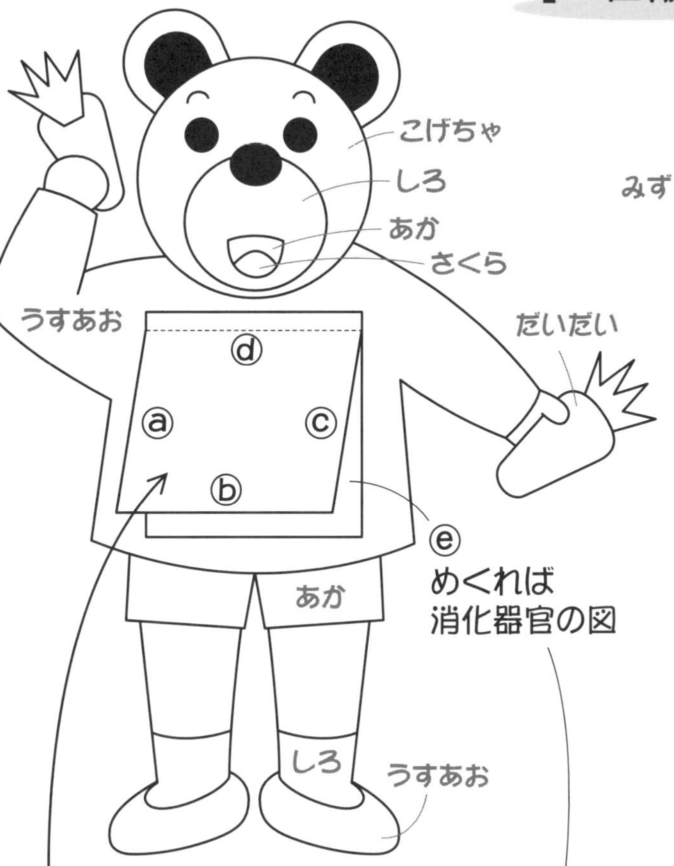

耳の穴・鼻・目は黒の油性ペンでかく
こげちゃ
しろ
あか
さくら
うすあお
だいだい
ⓓ
ⓐ
ⓒ
ⓑ
ⓔ
めくれば消化器官の図
あか
しろ
うすあお

- ⓐⓑⓒ の三方に切りこみを入れる
- ⓓ は折りまげる
- ⓔ を後ろからはる

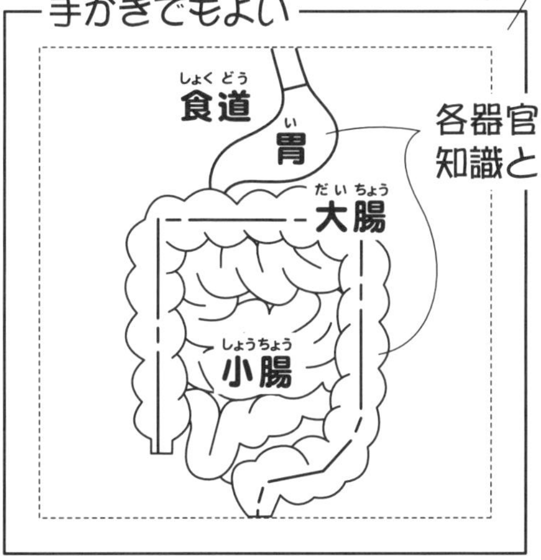

各器官の名前は手がきでもよい
ⓔ
食道《しょくどう》
胃《い》
大腸《だいちょう》
小腸《しょうちょう》
各器官の色は一口知識と同じ色で

[一口知識]

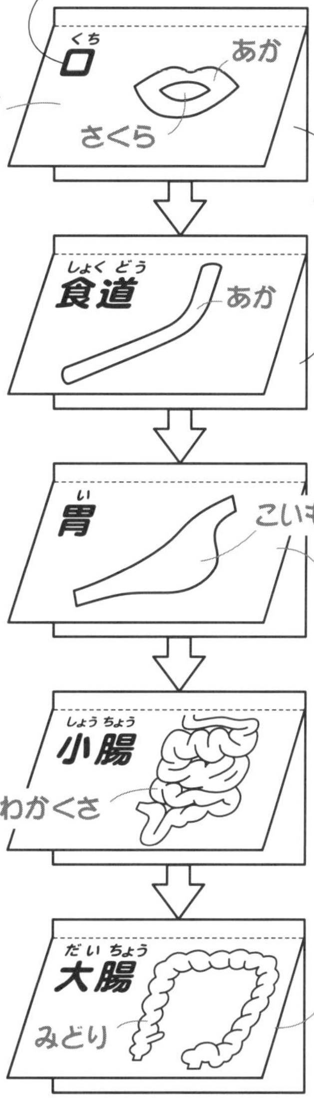

手がきでもよい
口《くち》
あか
みず
さくら
めくれば一口知識
食道《しょくどう》
あか
胃《い》
こいもも
小腸《しょうちょう》
わかくさ
大腸《だいちょう》
みどり
油性ペンでりんかくをかく

みかん
うすもも
うんこ

顔は黒の油性ペンでかく

[矢印]

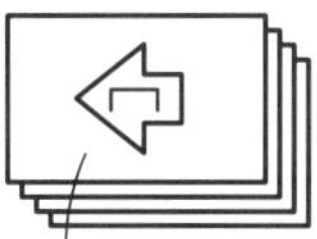

何枚か重ねて切る

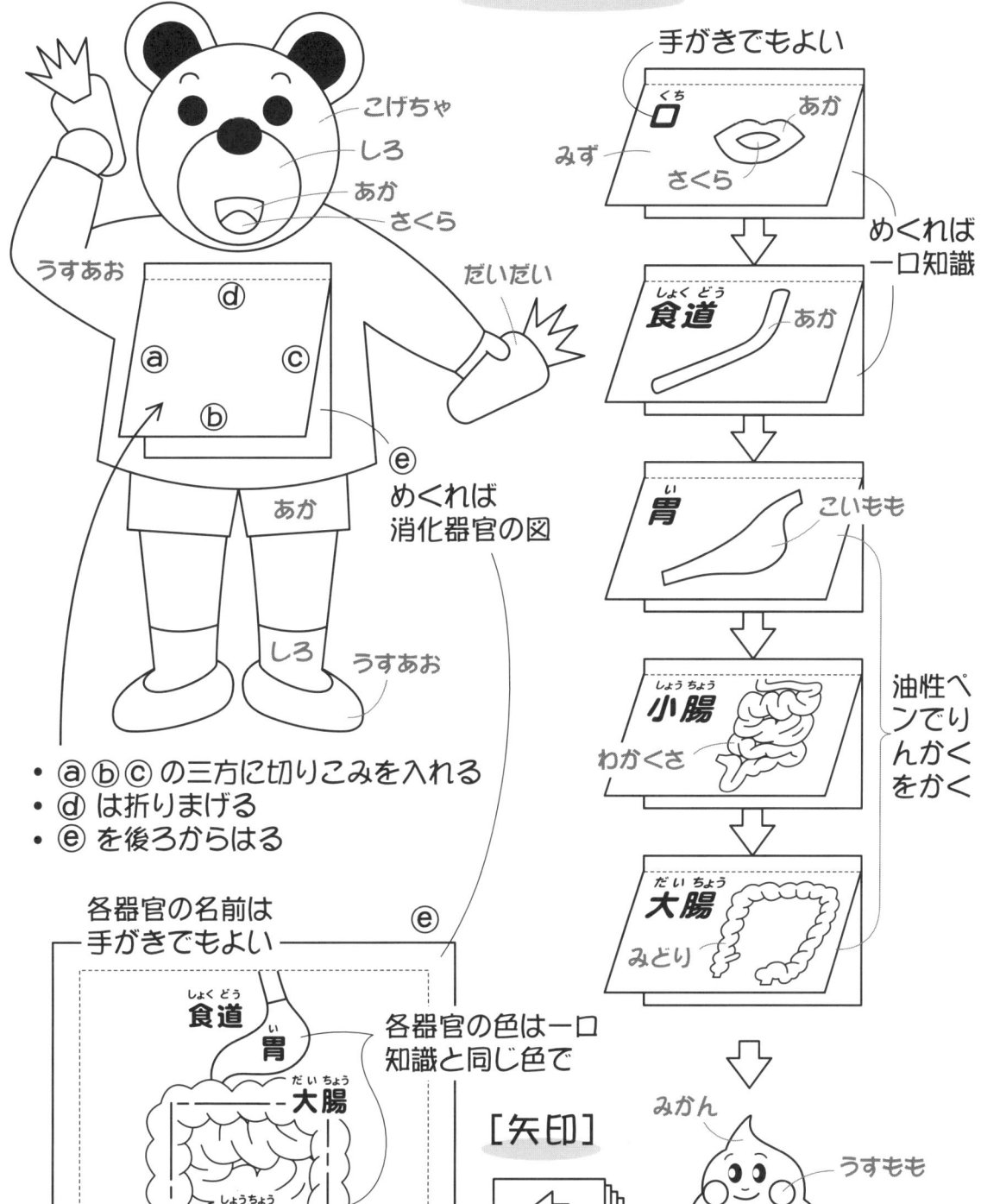

2月 うんこのクイズ

クイズの内容はP.106

あさごはんのあと
げんきなうんこを
しょうね
うんこは、からだのようす
をしらせる、おたよりだよ！
うんこの
クイズ
元気《げんき》なうんこ
はどんな形《かたち》を
しているの？
①コロコロとした固《かた》い
うんこ
②ダラダラとした形《かたち》のない
うんこ
③バナナのような形《かたち》の
うんこ
元気《げんき》なうんこ
はどんな色《いろ》を
しているの？
①黒《くろ》
②黄土色《おうどいろ》・茶色《ちゃいろ》
③赤《あか》
食《た》べたものから
うんこななるなで
どの位《くら》の時間《じかん》が
かかるの？
①2～3時間《じかん》
②5～8時間《じかん》
③15～20時間《じかん》
うんこはどこで
つくられるの？
①胃《い》
②小腸《しょうちょう》
③大腸《だいちょう》

▶［背景］あい

腸の働きをよくする繊維の多い食べ物を食べて便秘を解消し、また便は自分の体の調子を知らせるお便りでもあることを指導しましょう。

くまさんもウサギさんも、朝ごはんの後、がんばっています。
元気なうんこさんおはよう！　あ～スッキリしたね！

作り方

［まど］

包装紙で同じ
ものを2枚作り、
まどの両側にはる

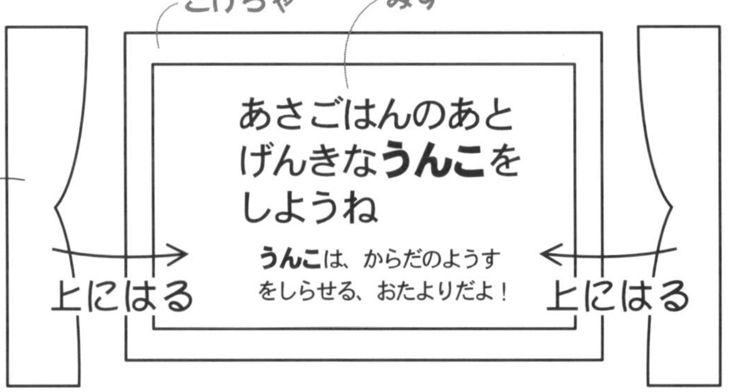
こげちゃ
みず
あさごはんのあと
げんきなうんこを
しようね
うんこは、からだのようす
をしらせる、おたよりだよ！
上にはる
上にはる

型紙…P.105～

[くま]

こげちゃ
目・鼻・口・耳の穴(くま)は黒の油性ペンでかく
しろ
同じものを2枚作ってトイレットペーパーホルダーにはる
あか
しろ
あお
こげちゃ

[うさぎ]

しろ
さくら
さくら
あか
しろ
腕・しっぽはふちを黒の油性ペンでかく

[うさぎのトイレ]

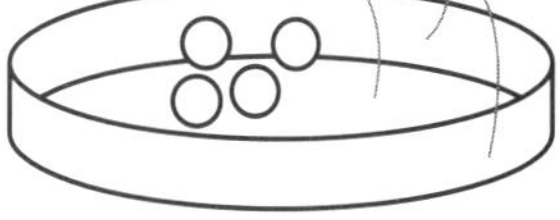

あお
みず

[くまのトイレ]

輪郭を黒の油性ペンでかく
うすあお

[トイレットペーパーホルダー]

くるっとまるめてのりではり筒を作る

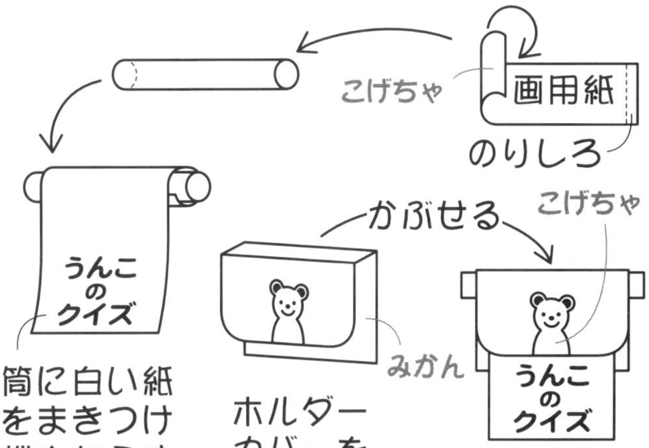

こげちゃ
画用紙
のりしろ
うんこのクイズ
筒に白い紙をまきつけ端をたらす
かぶせる
こげちゃ
みかん
ホルダーカバーを作る
うんこのクイズ
出来上がり

[クイズ]

いろいろな表情をかく
うんこのクイズ
あか
みず
さくら
きみどり
クイズのこたえ

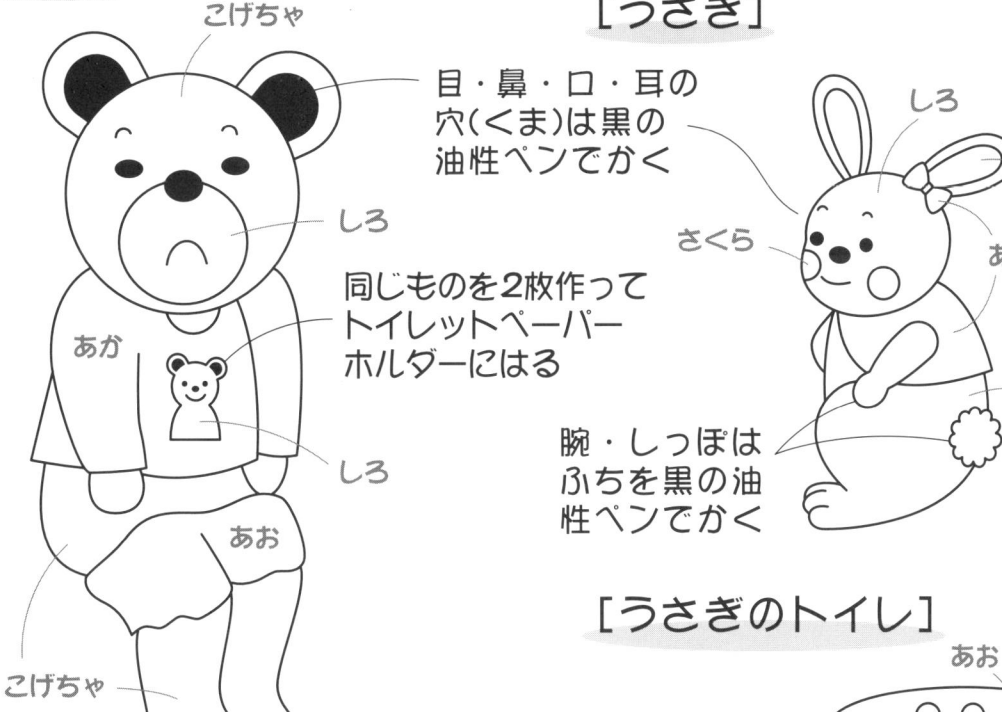

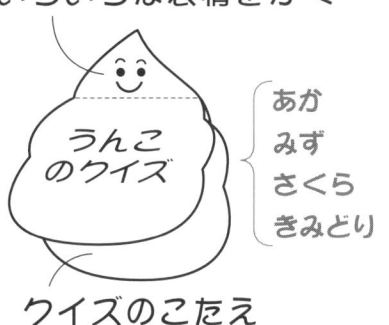

3月 手をあらおう

一口知識
の内容は
P.108

▶[背景] みず・こいきみどり

手には目に見えないバイキンがいっぱい！　バイキンが体の中に入ると大変です。しっかり手を洗う習慣が身につくよう指導しましょう。

ねずみさん、あらいぐまさん、手をきれいに洗いましょう、じゃぶじゃぶ。じゃぶじゃぶ。

作り方

[ことり]

[花と草]

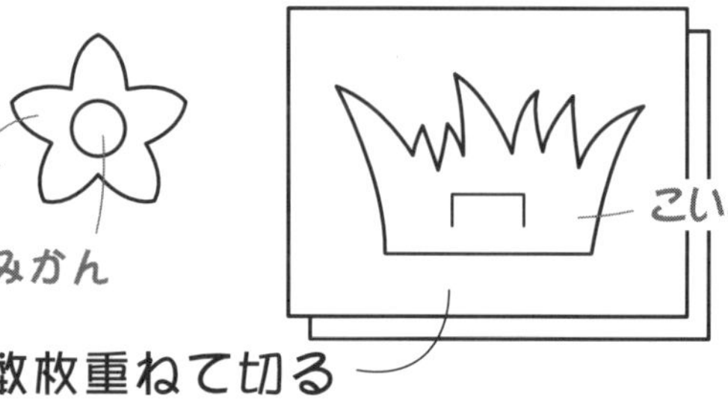

ことり・花も同様に数枚重ねて切る

型紙…P.107～

[ねずみとたぬき]

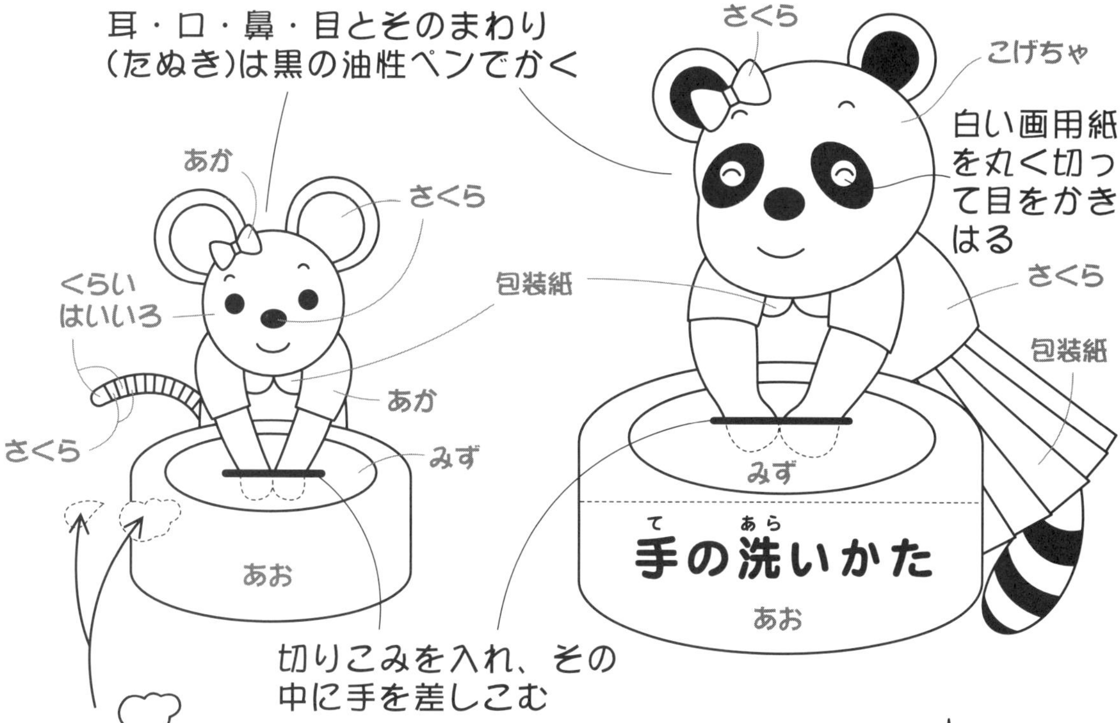
耳・口・鼻・目とそのまわり
(たぬき)は黒の油性ペンでかく
あか
さくら
くらい
はいいろ
包装紙
あか
さくら
みず
あお
さくら
こげちゃ
白い画用紙
を丸く切っ
て目をかき
はる
さくら
包装紙
みず
手《て》の洗《あら》いかた
あお
切りこみを入れ、その
中に手を差しこむ

しろ

せっけんの泡や
水てきをたくさ
ん切り、てきと
うにはりつける

[木]

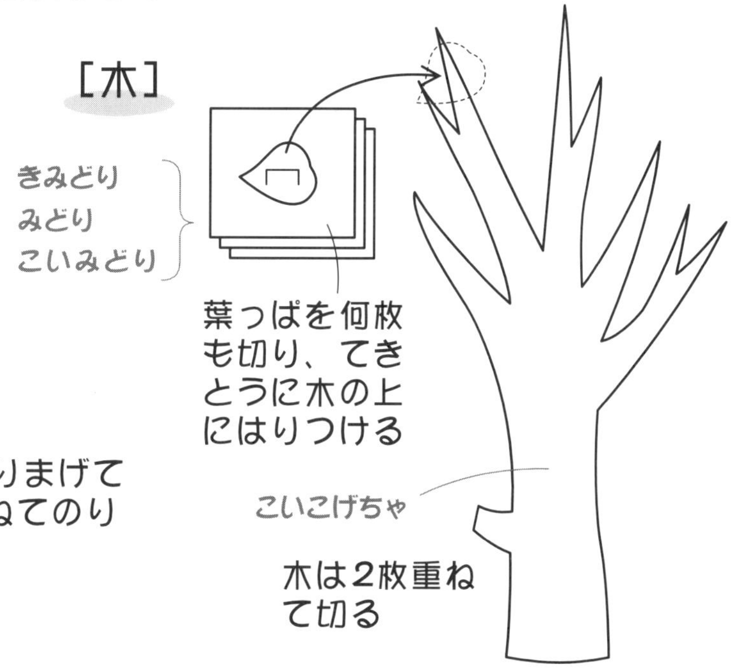
きみどり
みどり
こいみどり
葉っぱを何枚
も切り、てき
とうに木の上
にはりつける
こいこげちゃ
木は2枚重ね
て切る

[一口知識]

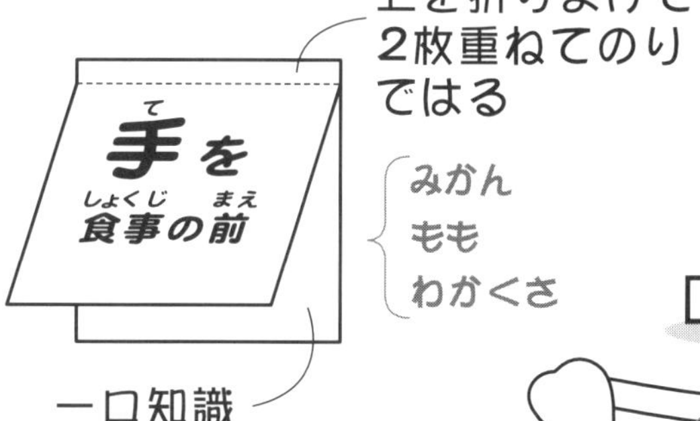
上を折りまげて
2枚重ねてのり
ではる
手《て》を
食事《しょくじ》の前《まえ》
みかん
もも
わかくさ
一口知識

[ロープ]

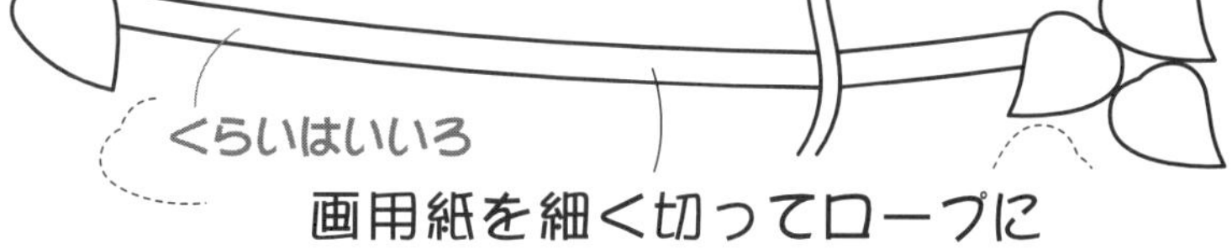
くらいはいいろ
画用紙を細く切ってロープに

3月 耳のクイズ

クイズの内容はP.110～

▶［背景］あい

耳は音を聞く・音の方向を知る、体のバランスをとるなど、大切な働きをしていることを指導しましょう。

春ですよ～、春ですよ～とことりさんがきれいな声で歌っています。うさぎさんはことりさんのきれいな歌声にお耳がピクピク……！

作り方

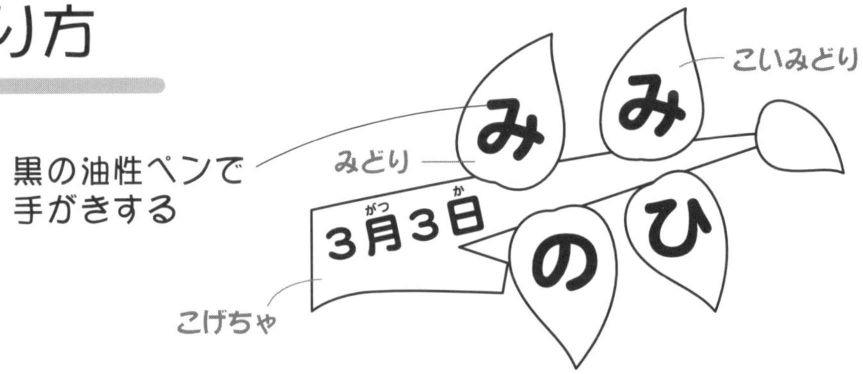

型紙…P.109～

[うさぎ]

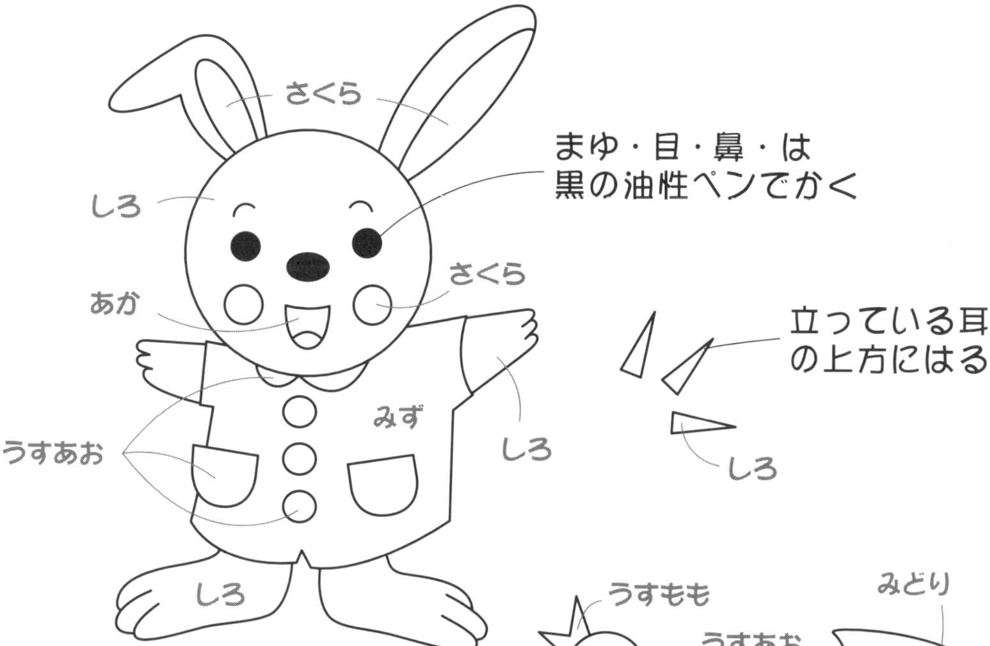
さくら
まゆ・目・鼻・は
黒の油性ペンでかく
しろ
さくら
あか
立っている耳
の上方にはる
みず
うすあお
しろ
しろ
しろ

[鳥]

うすもも
みどり
うすあお
みず
あか
うすあお
みかん
音符と同様に、木の葉も2～3枚
重ねて切る
こげちゃ
みどり
こいみどり

[クイズ]

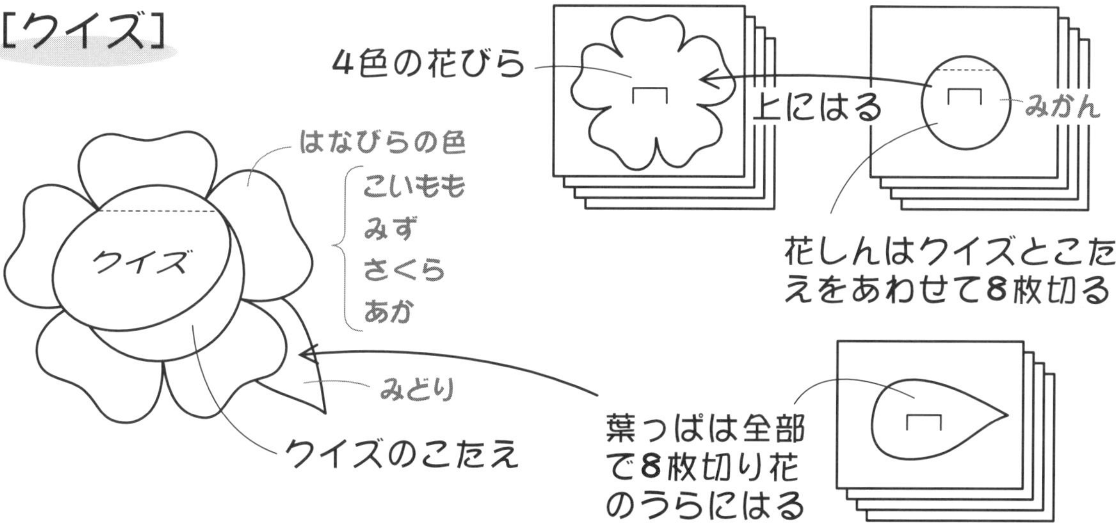
4色の花びら
上にはる
みかん
はなびらの色
こいもも
みず
さくら
あか
クイズ
花しんはクイズとこたえをあわせて8枚切る
みどり
クイズのこたえ
葉っぱは全部
で8枚切り花
のうらにはる

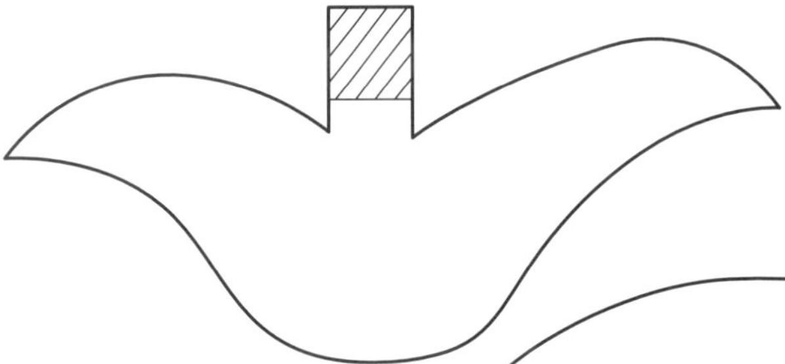

けんこう
しんだん

作り方…P.6～

内《ない》科《か》検《けん》診《しん》
（内《ない》科《か》校《こう》医《い》）
先生

栄《えい》養《よう》・背《せ》骨《ぼね》・皮《ひ》ふ
心《しん》臓《ぞう》・肺《はい》などに病《びょう》
気《き》や異《い》常《じょう》がないか、
などを調《しら》べます。

眼《がん》科《か》検《けん》診《しん》
（眼《がん》科《か》校《こう》医《い》）
先生

目《め》のまわり・まつ
げ・結《けつ》膜《まく》・角《かく》膜《まく》な
どに病《びょう》気《き》や異《い》常《じょう》が
ないか、などを調《しら》
べます。

歯《し》科《か》検《けん》診《しん》
（歯《し》科《か》校《こう》医《い》）
先生

むし歯《ば》がないか、
歯《は》並《なら》び、歯《は》ぐきの
異《い》常《じょう》がないか、歯《は》
みがきがきちんと
できているか、な
どを調《しら》べます。

耳《じ》鼻《び》科《か》検《けん》診《しん》
（耳《じ》鼻《び》科《か》校《こう》医《い》）
先生

耳《みみ》や鼻《はな》やのどに病《びょう》
気《き》や異《い》常《じょう》がないか、
などを調《しら》べます。

4月 朝ごはんのクイズ

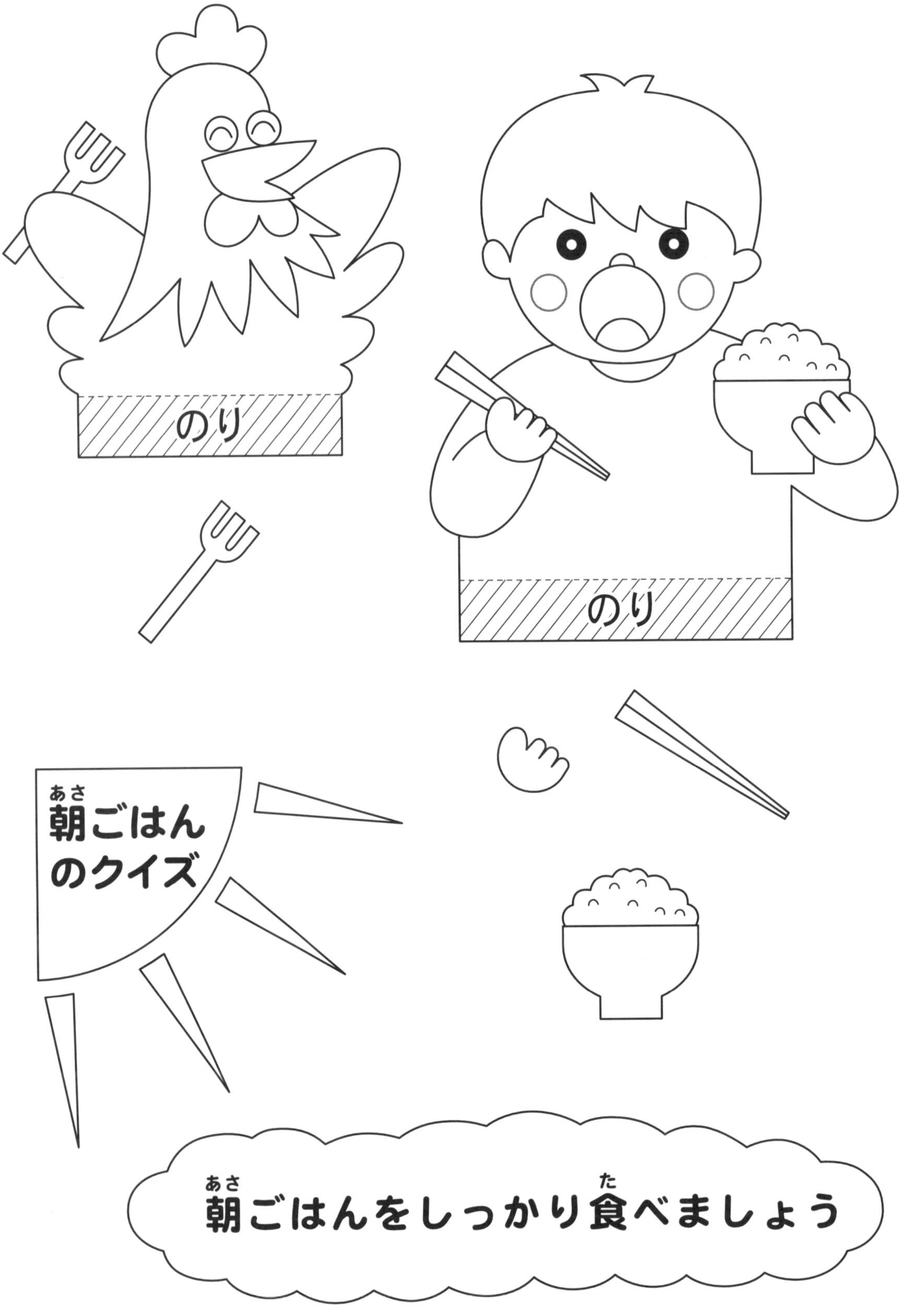
のり
のり
朝《あさ》ごはん
のクイズ
朝《あさ》ごはんをしっかり食《た》べましょう

作り方…P.8～

Q

朝食《ちょうしょく》を食《た》べないとなぜいけないの？

①脳《のう》がしっかり働《はたら》けない
②骨《ほね》がしっかり働《はたら》けない
③耳《みみ》がしっかり働《はたら》けない

Q

朝食《ちょうしょく》を食《た》べると、脳《のう》の働《はたら》きはどうなるの？

① 脳《のう》の働《はたら》きがよわくなる
② 脳《のう》の働《はたら》きが活発《かっぱつ》になる
③ 変《か》わらない

こたえ①

朝食《ちょうしょく》を食《た》べないと、体《たい》温《おん》が上《あ》がらないため、脳《のう》がしっかり働《はたら》けないので、午前中《ごぜんちゅう》の勉強《べんきょう》に身《み》が入《はい》りません。栄養《えいよう》のバランスのとれた朝食《ちょうしょく》をしっかり食《た》べましょう。

こたえ②

朝食《ちょうしょく》を食《た》べると体温《たいおん》が上《あ》がり、脳《のう》の働《はたら》きが活発《かっぱつ》になります。脳《のう》は体《からだ》が使《つか》うエネルギーの20％も消費《しょうひ》し、すいみん中《ちゅう》もエネルギーを使《つか》うため、朝《あさ》には不足《ふそく》してしまいます。脳《のう》をよく働《はたら》かせるためにしっかり朝食《ちょうしょく》を食《た》べましょう。

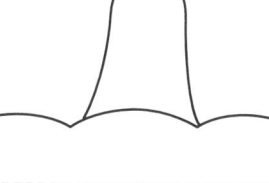

4月 朝ごはんのクイズ

作り方…P.8～

Q

朝食《ちょうしょく》を食《た》べると、体《たい》温《おん》はどうなるの？

① 体温《たいおん》が上《あ》がる
② 体温《たいおん》が下《さ》がる
③ 変化《へんか》がない

こたえ①

朝食《ちょうしょく》を食《た》べると、血液《けつえき》の流《なが》れがよくなるため、体《たい》温《おん》が上《あ》がり、体《からだ》や脳《のう》の働《はたら》きが活発《かっぱつ》になります。

こたえ③

夕食後《ゆうしょくご》に夜食《やしょく》やお菓子《かし》を食《た》べないで、毎日《まいにち》決《き》まった時間《じかん》に寝《ね》るようにしましょう。

Q

毎日《まいにち》おいしい朝食《ちょうしょく》を食《た》べるためにはどうすればいいの？

① 夜食《やしょく》を食《た》べる
② 夜《よる》おそくにねる
③ 夕食後《ゆうしょくご》の夜食《やしょく》やお菓子《かし》を食《た》べない

 作り方…P.10~

おやつには、どれだけの砂糖《さとう》が入《はい》っているのかな？

□ 角砂糖《かくさとう》
1コ　5g

おやつについて考《かんが》えてみましょう

砂糖《さとう》の多《おお》いおやつを食《た》べすぎると、みなさんの体《からだ》はどうなるのでしょう？

のり

砂糖《さとう》のとりすぎは骨《ほね》を弱《よわ》くし、肥満《ひまん》・食欲不振《しょくよくふしん》・むし歯《ば》の原因《げんいん》にもなります。おやつは食《た》べる時間《じかん》と量《りょう》を決《き》めて、お茶《ちゃ》や牛乳《ぎゅうにゅう》やスープと一緒《いっしょ》に食《た》べましょう。次《つぎ》のごはんとの間《あいだ》は2時間《じかん》あけましょう。

5月 おやつについて考えてみましょう

一口知識

シュークリーム

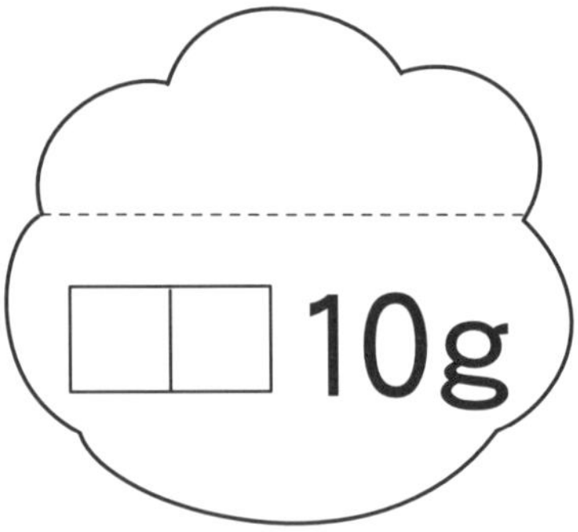
10g

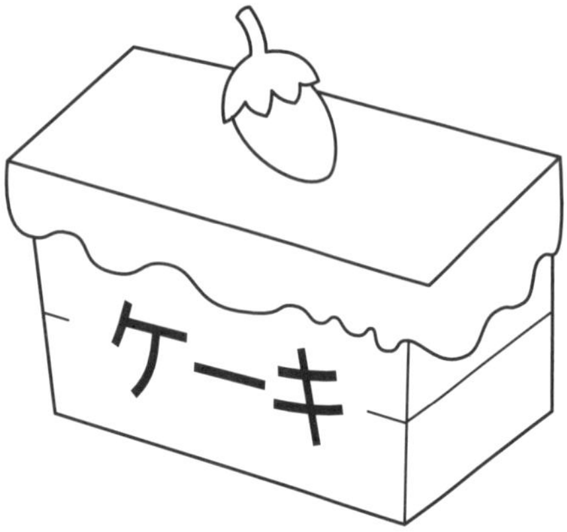
ケーキ

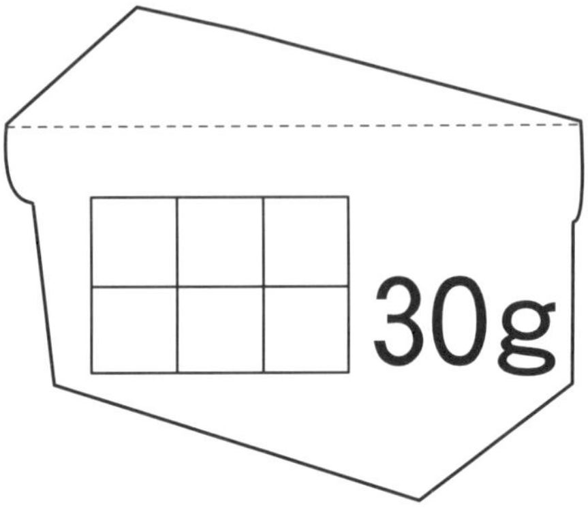
30g

プリン

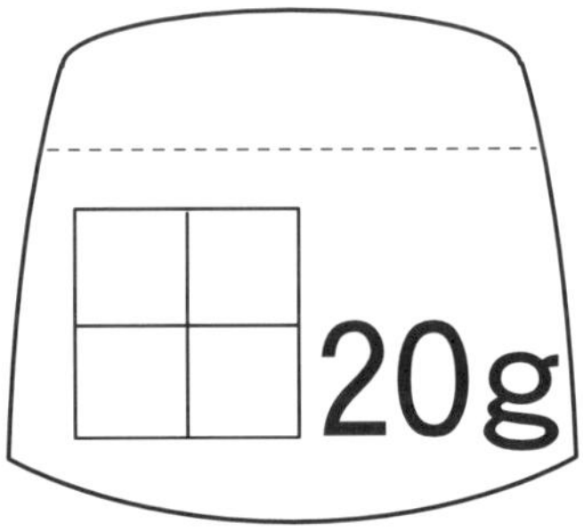
20g

アイスクリーム

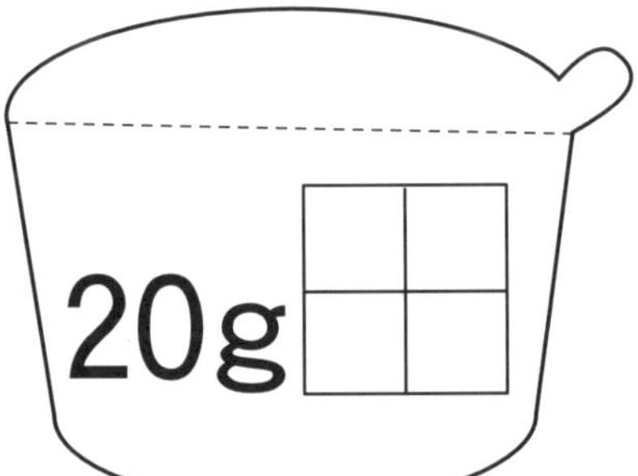
20g

作り方…P.10～

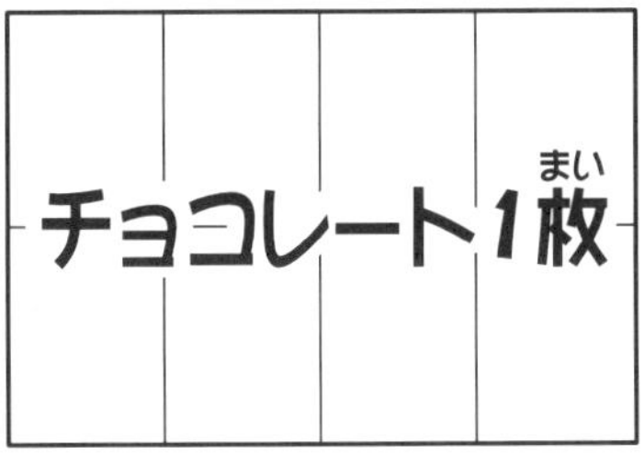
チョコレート1枚《まい》

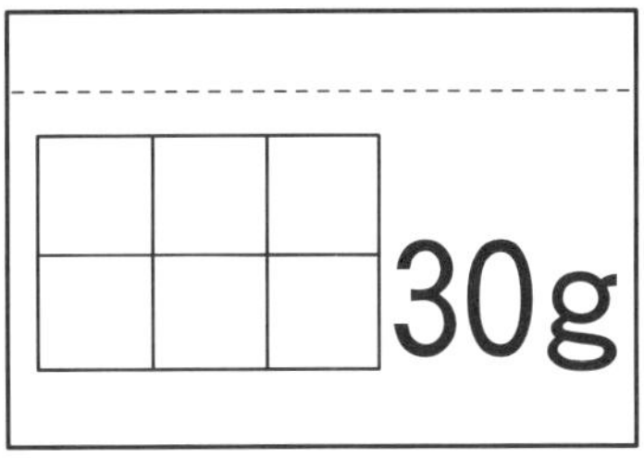
30g

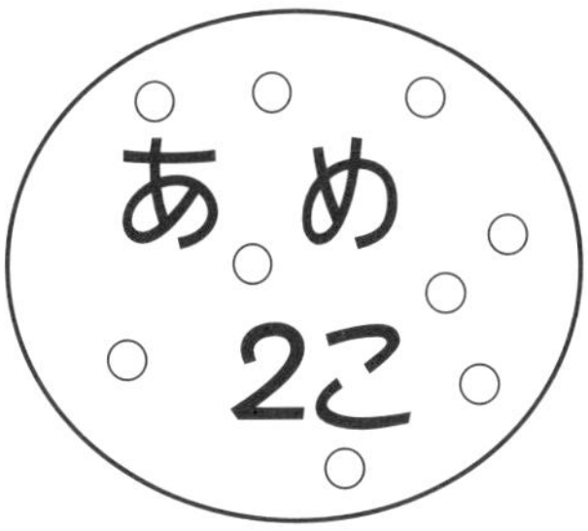
あめ
2こ

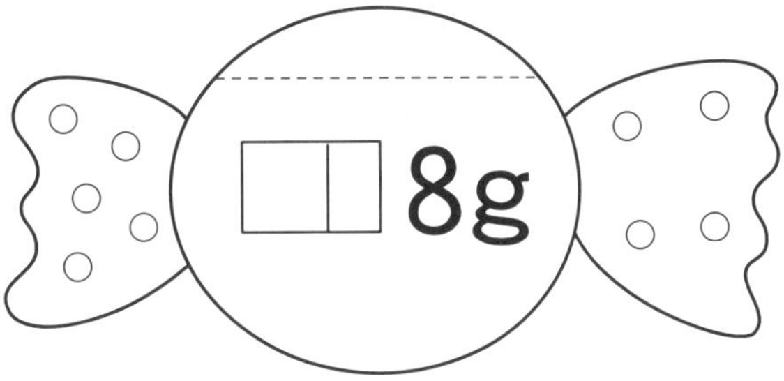
8g

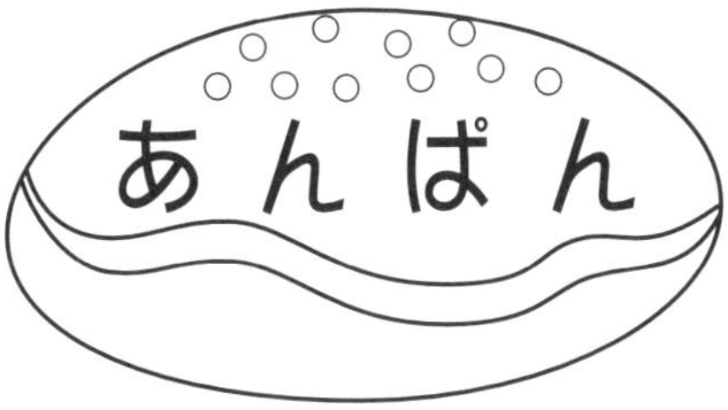
あんぱん

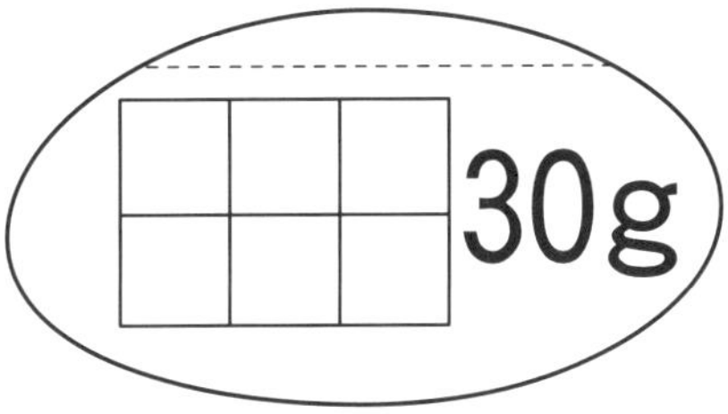
30g

清涼《せいりょう》
飲料《いんりょう》
350㎎

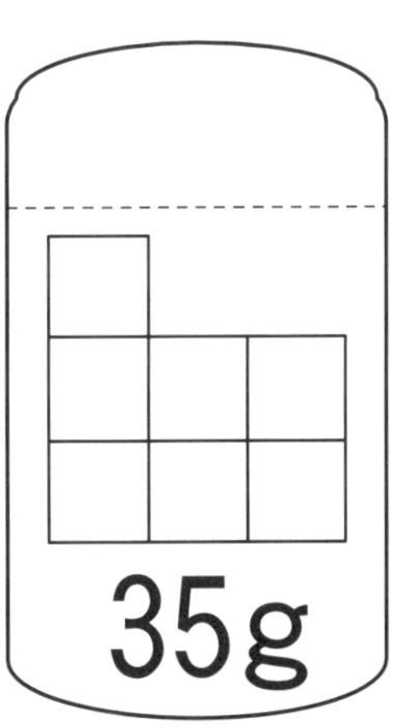
35g

5月 鼻のクイズ

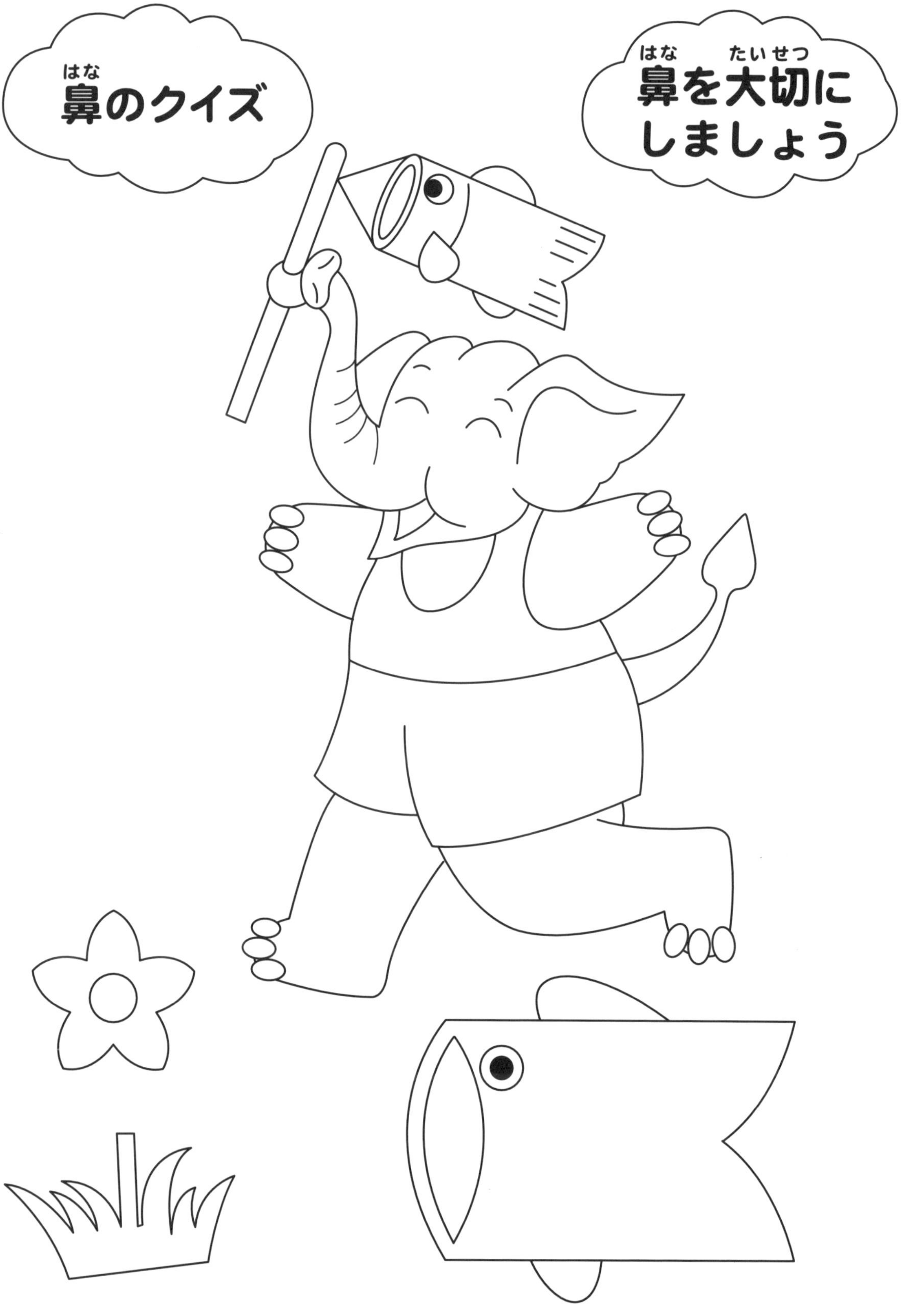
鼻《はな》のクイズ
鼻《はな》を大切《たいせつ》にしましょう

作り方…P.12～

Q

鼻毛《はなげ》は何《なん》のためにあるの？

① 鼻《はな》のごみをとるため
② 鼻《はな》に吸《す》い込《こ》まれた空気《くうき》を温《あたた》めるため
③ 鼻水《はなみず》を止《と》めるため

こたえ ①

鼻毛《はなげ》は鼻《はな》に吸《す》い込《こ》まれる空気《くうき》の汚《よご》れやほこりやバイキンが肺《はい》に送《おく》られるのを防《ふせ》ぐ、フィルターのやくめをしています。

Q

鼻《はな》の粘膜《ねんまく》はいつもどうなっているの？

① かわいている
② 湿《しめ》っている
③ かわいたり、湿《しめ》ったりしている

こたえ ②

鼻《はな》の奥《おく》の粘膜《ねんまく》はいつも湿《しめ》っていて、吸《すい》い込《こ》んだ空気《くうき》を温《あたた》めたり、湿《しめ》らせたりして、肺《はい》を驚《おどろ》かせないように空気《くうき》を送《おく》り込《こ》みます。

作り方…P.12～

Q

「鼻《はな》の日《ひ》」はいつ？

① 7月7日
② 8月7日
③ 9月9日

こたえ ②

「8」を「は」、「7」を「な」と読《よ》んで「鼻《はな》を大《たい》切《せつ》にしましょう」という日《ひ》。鼻《はな》は顔《かお》の中《なか》でもケガをしやすいので気《き》をつけましょう。

Q

鼻《はな》血《ぢ》が出《で》たときはどうすればいいの？

① 頭《あたま》の後《うし》ろをたたく
② 鼻《はな》を温《あたた》める
③ 小《こ》鼻《ばな》をつまむ

こたえ ③

頭《あたま》をまっすぐにしてすわり、小《こ》鼻《はな》をつまんで止《し》血《けつ》したり、冷《つめ》たいタオルで冷《ひ》やします。血《ち》が止《と》まってもしばらくは安《あん》静《せい》にします。

6月 人の歯のやくわり 一口知識 作り方…P.14～

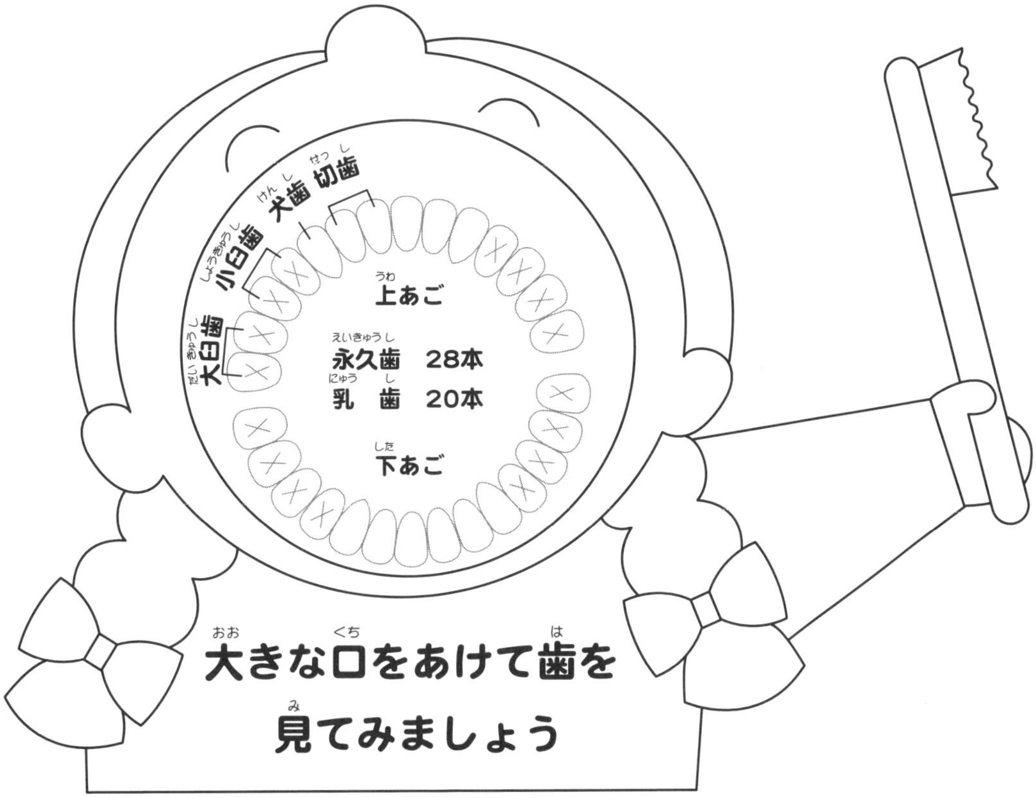
大臼歯《だいきゅうし》
小臼歯《しょうきゅうし》
犬歯《けんし》
切歯《せっし》
上《うわ》あご
永久歯《えいきゅうし》 28本
乳《にゅう》 歯《し》 20本
下《した》あご
大《おお》きな口《くち》をあけて歯《は》を
見《み》てみましょう

6月 人の歯のやくわり 一口知識

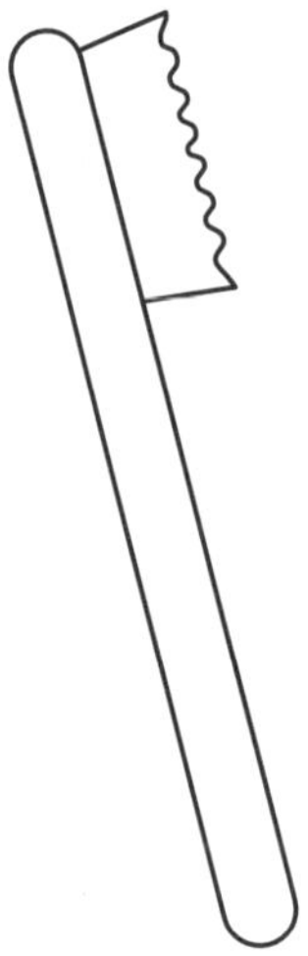

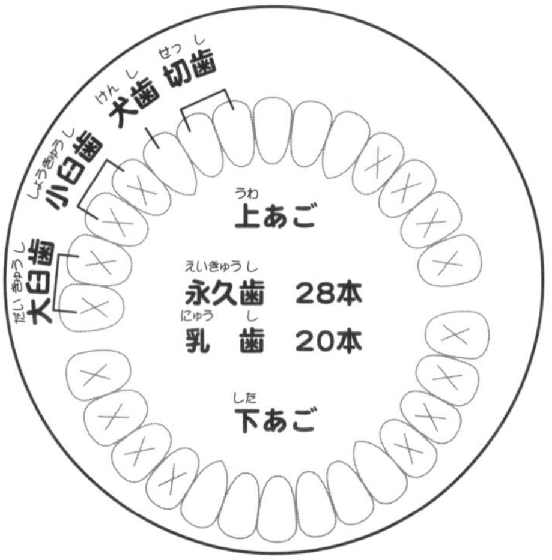

大臼歯《だいきゅうし》
小臼歯《しょうきゅうし》
犬歯《けんし》
切歯《せっし》
上《うわ》あご
永久歯《えいきゅうし》　28本
乳《にゅう》　歯《し》　20本
下《した》あご

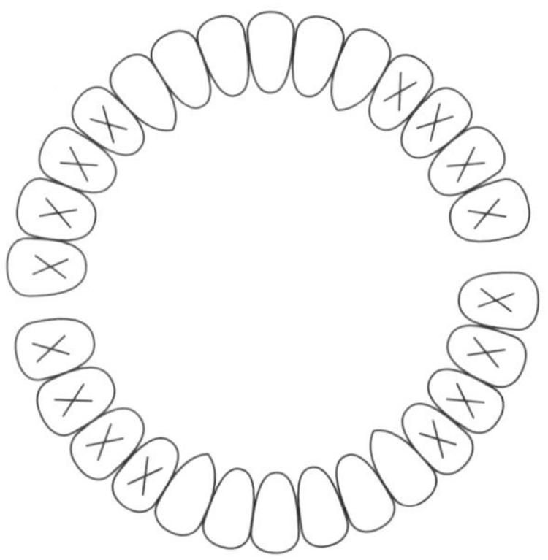

人《ひと》の歯《は》のやくわり

虫歯《むしば》にならないように、
しっかり歯《は》をみがきましょう

作り方…P.14～

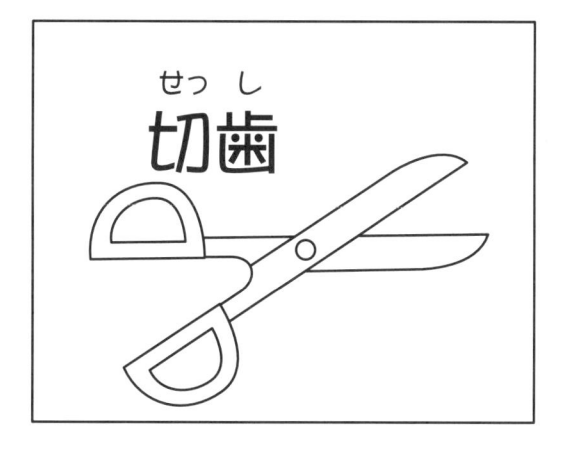

切歯《せっし》

シャベル状《じょう》の形《かたち》で食《た》べ物《もの》を「**かみ切《き》る**」やくわりをしています。

（はさみ）

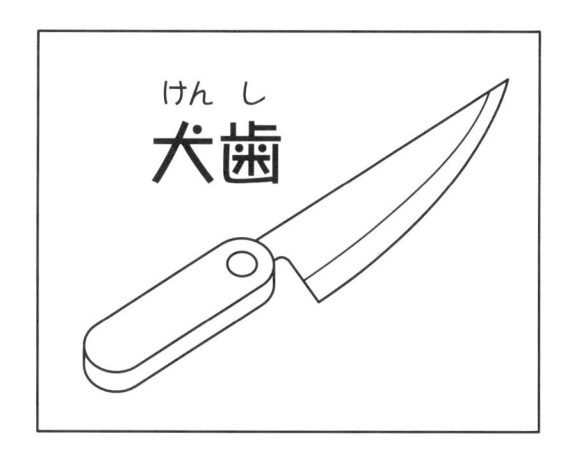

犬歯《けんし》

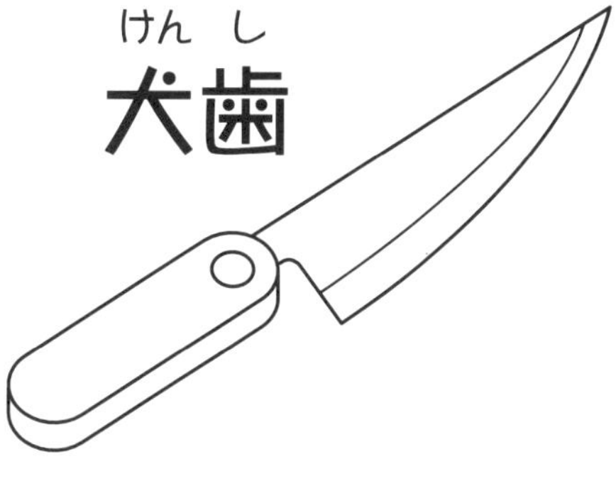

するどく尖《とが》った形《かたち》で食《た》べ物《もの》を「**ひきさく**」やくわりをしています。

（ほうちょう）

小臼歯《しょうきゅうし》

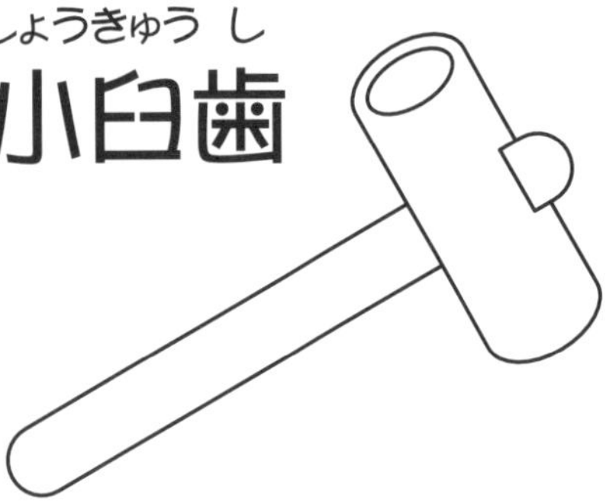

臼《うす》のような形《かたち》をした歯《は》で食《た》べ物《もの》を**「くだく」**やくわりをしています。

（かなづち）

大臼歯《だいきゅうし》

臼《うす》のような形《かたち》をした歯《は》で食《た》べ物《もの》を**「すりつぶす」**やくわりをしています。

（すりこぎ）

作り方…P.16～

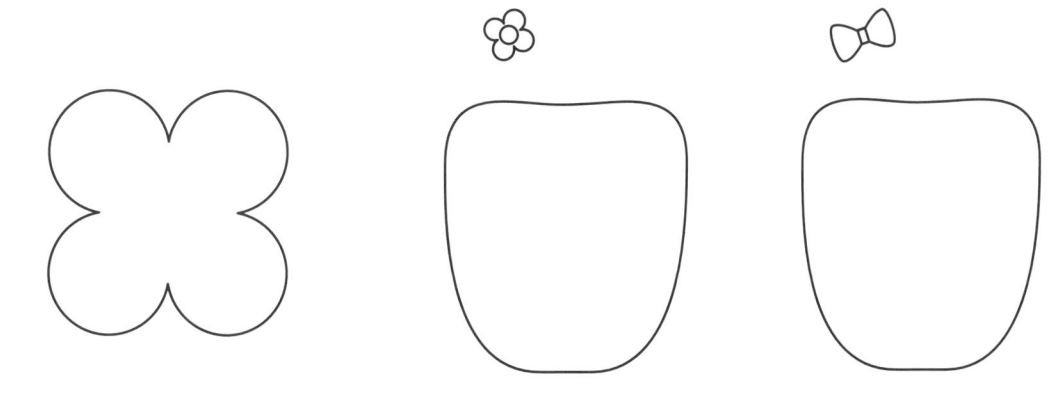

6月 歯のクイズ

Q

むし歯《ば》予防《よぼう》の日《ひ》はいつ？

① 4月8日
② 6月4日
③ 7月7日

こたえ ②

6月の「6」を「む」、4日の「4」を「し」とよみかえて、6月4日をむし歯《ば》予防《よぼう》の日《ひ》とし、歯《は》を大切《たいせつ》にしましょうという日《ひ》です。

Q

むし歯《ば》をつくる菌《きん》の名前《なまえ》は？

① ミュータンス菌《きん》
② シーラカンス菌《きん》
③ プラーク菌《きん》

こたえ ①

ミュータンス菌《きん》はいつも口《くち》の中《なか》にいて、炭水化物《たんすいかぶつ》とくに砂糖《さとう》などを食《た》べると、これを栄養《えいよう》にしてふえ、糖《とう》を分解《ぶんかい》して酸《さん》を出《だ》します。その酸《さん》によって歯《は》がとかされるのです。これがむし歯《ば》です。

作り方…P.16～

Q

だ液《えき》の多《おお》い人《ひと》は、むし歯《ば》になりにくいの？

① むし歯《ば》になりにくい
② むし歯《ば》になりやすい
③ 関係《かんけい》ない

こたえ ①

だ液《えき》は口《くち》の中《なか》をきれいにし、ミュータンス菌《きん》がつくる酸《さん》の働《はたら》きを抑《おさ》えるので、だ液《えき》がたくさん出《で》る人《ひと》は、むし歯《ば》になりにくいのです。だ液《えき》をたくさん出《だ》すためには、しっかりとかむことが大切《たいせつ》です。

Q

歯《し》こうってなに？

① 歯《は》についた、食《た》べ物《もの》のかす
② 歯《は》についたバイキンのかたまり
③ 歯《は》についた汚《よご》れ

こたえ ②

ミュータンス菌《きん》は砂糖《さとう》(糖分《とうぶん》)をエサにしてねばねばした物質《ぶっしつ》を作《つく》り、歯《は》の表面《ひょうめん》に付着《ふちゃく》します。これが歯《し》こうです。歯《し》こうを取《と》るには、ていねいな歯《は》みがきが大切《たいせつ》です。

7・8月 ぼうしをかぶろう

一口知識

ぼうし

を

かぶろう

作り方…P.18～

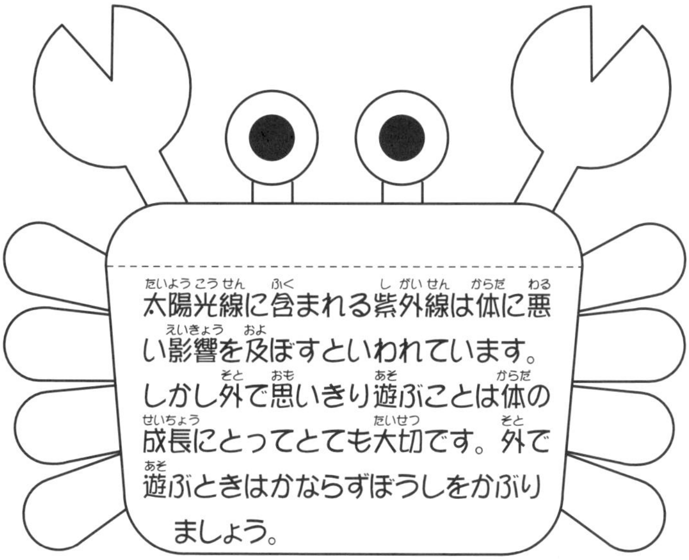
太陽光線《たいようこうせん》に含《ふく》まれる紫外線《しがいせん》は体《からだ》に悪《わる》い影響《えいきょう》を及《およ》ぼすといわれています。しかし外《そと》で思《おも》いきり遊《あそ》ぶことは体《からだ》の成長《せいちょう》にとってとても大切《たいせつ》です。外《そと》で遊《あそ》ぶときはかならずぼうしをかぶりましょう。

外《そと》に出《で》るときは
ぼうしをかぶり
ましょう

お茶《ちゃ》を飲《の》みましょう

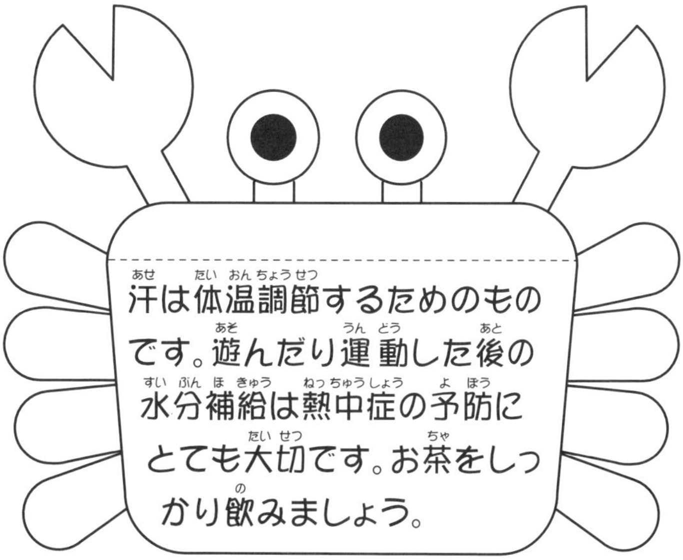
汗《あせ》は体温調節《たいおんちょうせつ》するためのものです。遊《あそ》んだり運動《うんどう》した後《あと》の水分補給《すいぶんほきゅう》は熱中症《ねっちゅうしょう》の予防《よぼう》にとても大切《たいせつ》です。お茶《ちゃ》をしっかり飲《の》みましょう。

7·8月 ぼうしをかぶろう 一口知識 作り方…P.18～

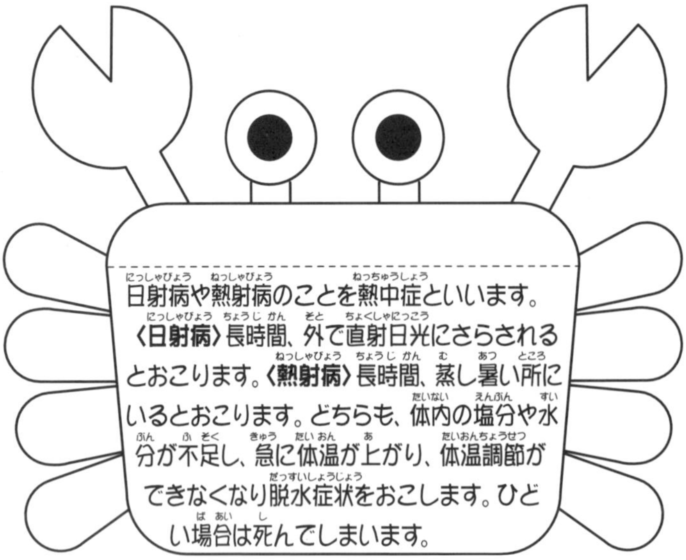
日射病《にっしゃびょう》や熱射病《ねっしゃびょう》のことを熱中症《ねっちゅうしょう》といいます。
〈日射病《にっしゃびょう》〉長時間《ちょうじかん》、外《そと》で直射日光《ちょくしゃにっこう》にさらされるとおこります。**〈熱射病《ねっしゃびょう》〉**長時間《ちょうじかん》、蒸《む》し暑《あつ》い所《ところ》にいるとおこります。どちらも、体内《たいない》の塩分《えんぶん》や水分《すいぶん》が不足《ふそく》し、急《きゅう》に体温《たいおん》が上《あ》がり、体温調節《たいおんちょうせつ》ができなくなり脱水症状《だっすいしょうじょう》をおこします。ひどい場合《ばあい》は死《し》んでしまいます。

ながい間《あいだ》、強《つよ》い太陽《たいよう》の下《した》で遊《あそ》ばないようにしましょう

もし日射病《にっしゃびょう》・熱射《ねっしゃ》病《びょう》になったら

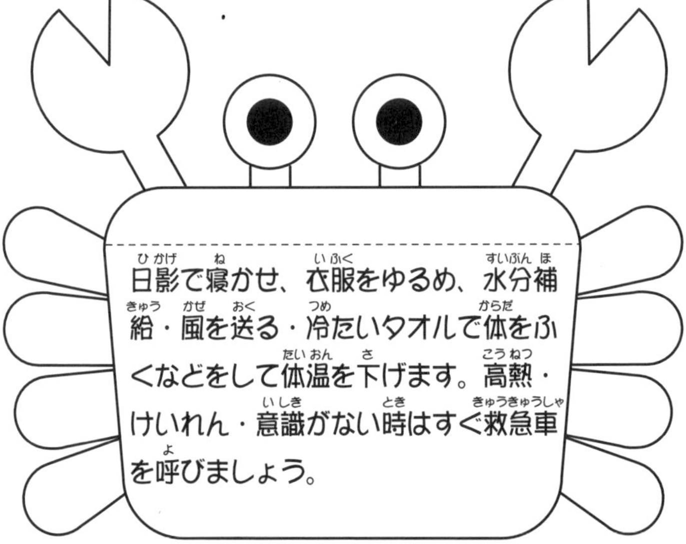
日影《ひかげ》で寝《ね》かせ、衣服《いふく》をゆるめ、水分補《すいぶんほ》給《きゅう》・風《かぜ》を送《おく》る・冷《つめ》たいタオルで体《からだ》をふくなどをして体温《たいおん》を下《さ》げます。高熱《こうねつ》・けいれん・意識《いしき》がない時《とき》はすぐ救急車《きゅうきゅうしゃ》を呼《よ》びましょう。

あせのクイズ

7・8月 あせのクイズ

Q

汗《あせ》はどうして出《で》るの？

① 体《からだ》の温度《おんど》をもとにもどすため

② 暑《あつ》くてたくさんの水を飲《の》んだため

③ 体《からだ》の温度《おんど》を上《あ》げるため

こたえ①

気温《きおん》が高《たか》かったり、運動《うんどう》をして体温《たいおん》が上《あ》がると汗《あせ》が出《で》て、体《からだ》の外《そと》に熱《ねつ》を逃《に》がし、体温《たいおん》を一定《いってい》に保《たも》っています。体温《たいおん》は約《やく》36～37度《ど》に調節《ちょうせつ》されています。

Q

汗《あせ》はどこから出《で》るの？

① 汗腺《かんせん》

② 涙腺《るいせん》

③ リンパ腺《せん》

こたえ①

皮膚《ひふ》には汗《あせ》の通《とお》る道《みち》、汗腺《かんせん》があります。汗《あせ》が出《で》る時《とき》汗腺《かんせん》が開《ひら》き、寒《さむ》い時《とき》は「とりはだ」が立《た》って、毛穴《けあな》がちぢむのと一緒《いっしょ》に汗腺《かんせん》の口《くち》もちぢみます。

作り方…P.20～

Q

夏《なつ》はじっとしていても汗《あせ》が出《で》ます。さて1日《にち》にどのくらい出《で》るの？

① 牛乳《ぎゅうにゅう》びん1本《ぽん》くらい

② 牛乳《ぎゅうにゅう》びん2本《ほん》くらい

③ 牛乳《ぎゅうにゅう》パック1.5(1.5リットル)くらい

こたえ③

私《わたし》たちの体《からだ》は汗《あせ》をかいて、体《たい》温《おん》が上《あ》がりすぎないようにしています。脳《のう》からの命令《めいれい》で、汗《あせ》が出《で》たり、汗《あせ》の量《りょう》を増《ふ》やしたりして体温《たいおん》を下《さ》げています。

Q

汗《あせ》の成分《せいぶん》とにているものはなに？

① なみだ

② おしっこ

③ だ液《えき》

こたえ②

汗《あせ》とおしっこの成分《せいぶん》はよくにています。人間《にんげん》の体内《たいない》の水分量《すいぶんりょう》（成人《せいじん》で60%)は おしっこと汗《あせ》によって調《ちょう》節《せつ》されています。汗《あせ》は90%以上《いじょう》が水《みず》で、残《のこ》りは塩分《えんぶん》とたんぱく質《しつ》と乳酸《にゅうさん》です。

9月 いま、はやっています（感染症） 一口知識

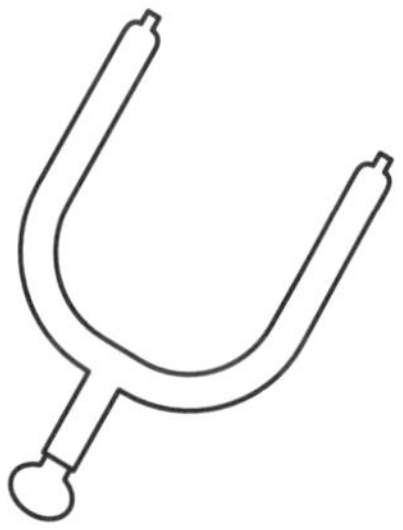

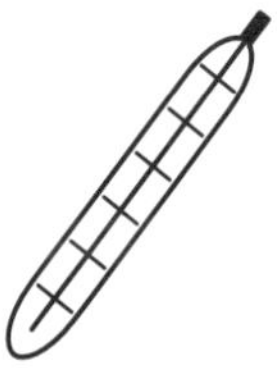

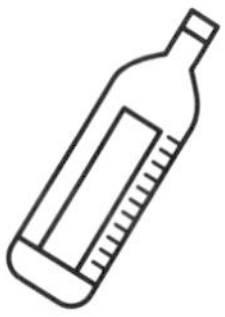

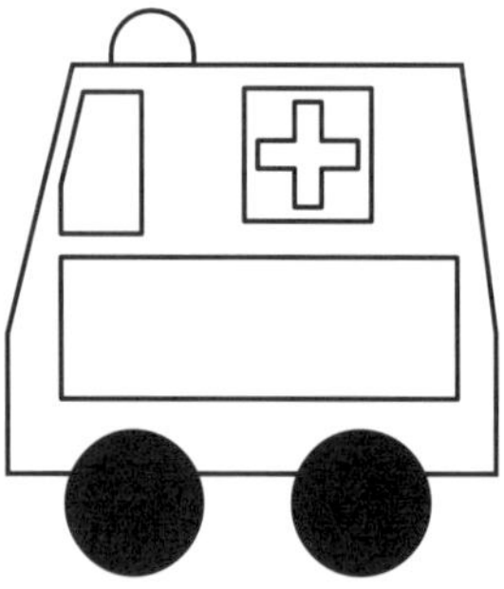

作り方…P.22～

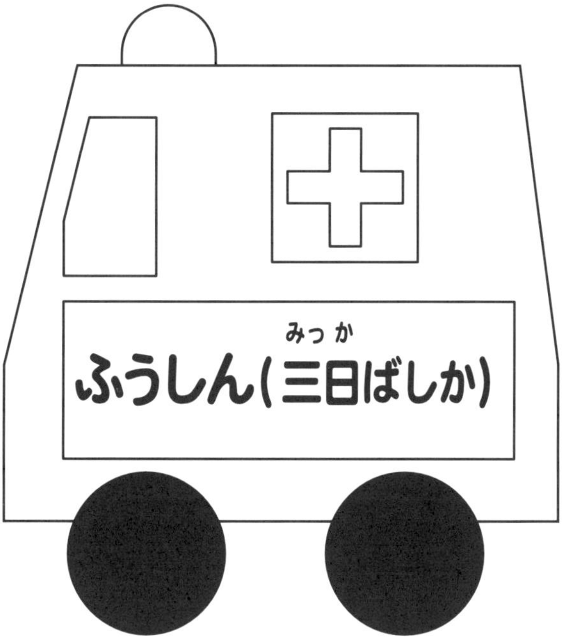

〈潜伏期間《せんぷくきかん》〉 14～21日《にち》
〈感染経路《かんせんけいろ》〉 飛沫感染《ひまつかんせん》
〈主《おも》な症状《しょうじょう》〉 小《ちい》さな発疹《はっしん》が全身《ぜんしん》に出《で》て、熱《ねつ》は出《で》ることも出《で》ないこともあります。耳《みみ》の後《うし》ろや首《くび》のリンパ腺《せん》がはれます。熱《ねつ》は1～2日《にち》、発疹《はっしん》も3～4日《か》で治《おさ》まります。

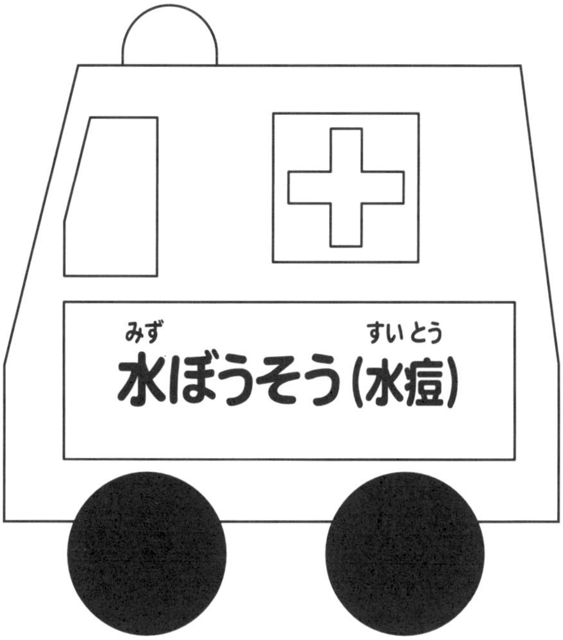

〈潜伏期間《せんぷくきかん》〉 2～3週間《しゅうかん》
〈感染経路《かんせんけいろ》〉 飛沫感染《ひまつかんせん》・接触感染《せっしょくかんせん》
〈主《おも》な症状《しょうじょう》〉 微熱《びねつ》が出《で》ると同時《どうじ》に全身《ぜんしん》に発疹《はっしん》(赤《あか》い斑点《はんてん》、中央《ちゅうおう》に水《みず》ぶくれ、かゆみ)ができます。2～3日《にち》がピークで、その後《ご》黒《くろ》いかさぶたになります。約《やく》1週間《しゅうかん》でよくなります。

9月 いま、はやっています（感染症）

一口知識

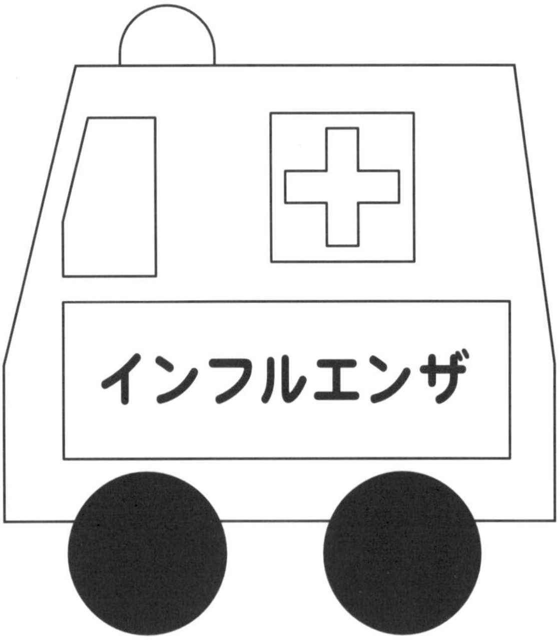

〈潜伏期間《せんぷくきかん》〉 1～2日《にち》

〈感染経路《かんせんけいろ》〉 飛沫感染《ひまつかんせん》

〈主《おも》な症状《しょうじょう》〉 突然《とつぜん》の高熱《こうねつ》や強《つよ》い頭痛《ずつう》・腰痛《ようつう》・下痢《げり》・腹痛《ふくつう》・関節《かんせつ》の痛《いた》み・おう吐《と》・のどの痛《いた》みなどの症状《しょうじょう》があります。2～3日《にち》で熱《ねつ》は下《さ》がっても、全身症状《ぜんしんしょうじょう》は1週間《しゅうかん》くらい続《つづ》き、元《もと》にもどるのに10日《か》～2週間《しゅうかん》かかります。

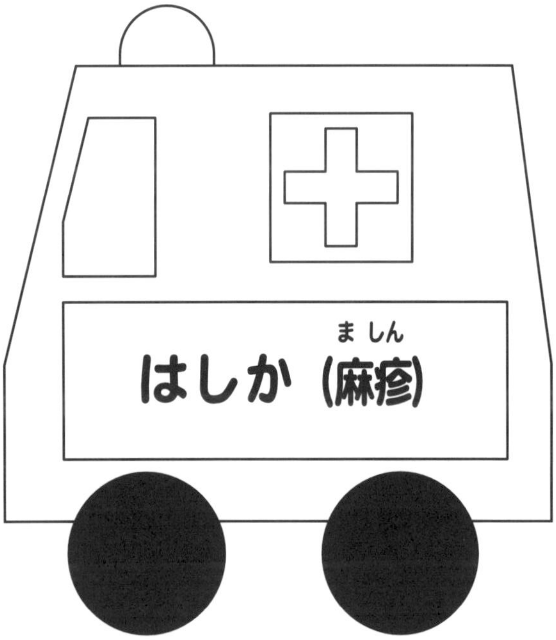

〈潜伏期間《せんぷくきかん》〉 10～12日《にち》

〈感染経路《かんせんけいろ》〉 飛沫感染《ひまつかんせん》

〈主《おも》な症状《しょうじょう》〉 はじめの2～3日《にち》は熱《ねつ》、くしゃみ、鼻水《はなみず》など、かぜのような症状《しょうじょう》。いったん熱《ねつ》が下《さ》がり、再《ふたた》び高熱《こうねつ》が出《で》ると全身《ぜんしん》に発疹《はっしん》が現《あらわ》れ、ほおの内側《うちがわ》に白《しろ》く斑点《はんてん》が出《で》ます。高熱《こうねつ》は4～5日《にち》位《くらい》続《つづ》き、せき、鼻水《はなみず》、口内炎《こうないえん》、目《め》の充血《じゅうけつ》はさらにひどくなります。

作り方…P.22～

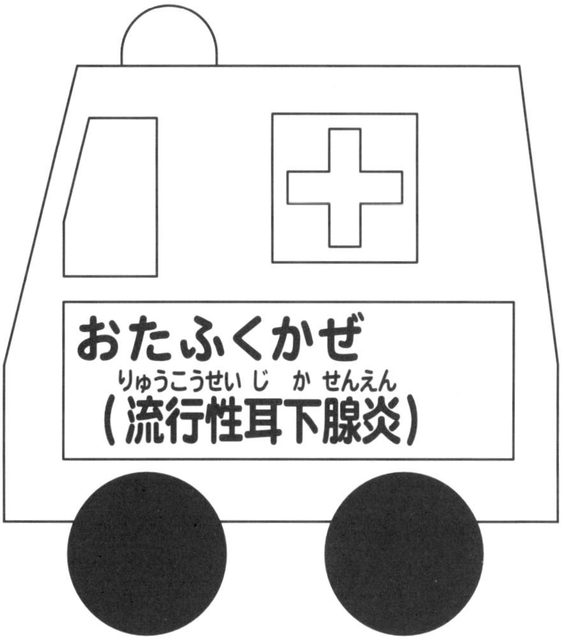

〈潜伏期間《せんぷくきかん》〉14～24日《にち》
〈感染経路《かんせんけいろ》〉飛沫感染《ひまつかんせん》
〈主《おも》な症状《しょうじょう》〉耳《みみ》の下《した》がはれ、痛《いた》みます。左右《さゆう》ともはれますが、片方《かたほう》だけの場合《ばあい》もあり1週間前後《しゅうかんぜんご》で引《ひ》きます。熱《ねつ》が出《で》ることもありますが、3～4日《か》で落《お》ちつきます。

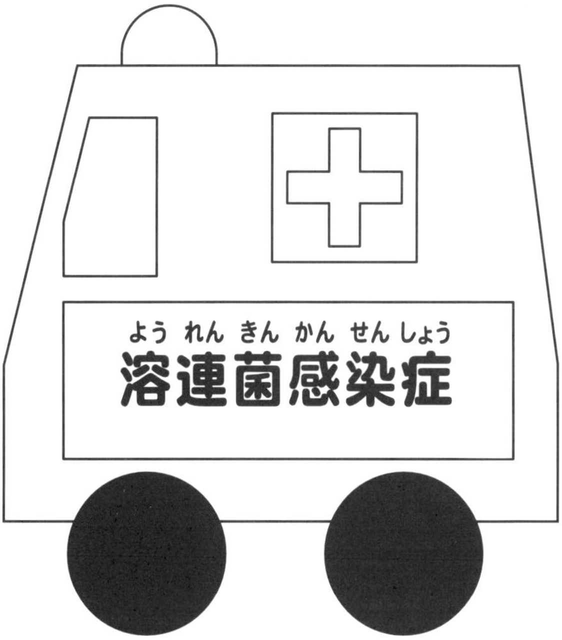

〈潜伏期間《せんぷくきかん》〉2～7日《にち》
〈感染経路《かんせんけいろ》〉接触感染《せっしょくかんせん》
〈主《おも》な症状《しょうじょう》〉のどの痛《いた》み、38～39度《ど》の高熱《こうねつ》、おう吐《と》、腹痛《ふくつう》を起《お》こすことがあります。体《からだ》や手足《てあし》に発疹《はっしん》などが出《で》はじめ、舌《した》はイチゴのようにブツブツになります。

9月 けがのクイズ

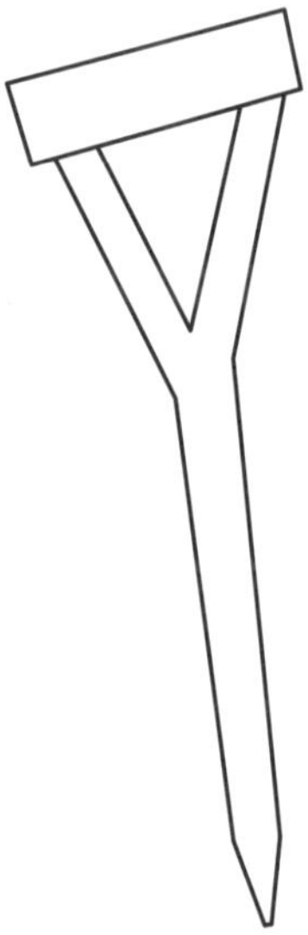

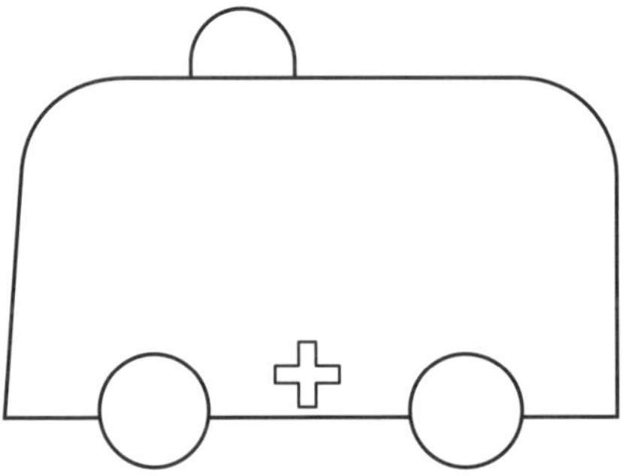

作り方…P.24～

救急《きゅうきゅう》の日《ひ》はいつ？

① 7月7日
② 8月7日
③ 9月9日

Q

こたえ③

「9月《がつ》9日《か》」は「9」「9」とならぶことから、救急《きゅうきゅう》の日《ひ》になっています。けがや病気《ひょうき》をしないように健康《けんこう》に気《き》をつけましょうという日《ひ》です。そして、すぐに役立《やくだ》つように救急箱《きゅうきゅうばこ》の中身《なかみ》を点検《てんけん》しましょう。

すりきず・きりきずをした時《とき》、どうすればいいの？

① すぐに包帯《ほうたい》をまく
② きず口《くち》を洗《あら》い流《なが》し、消毒《しょうどく》する
③ すぐにキズテープをはる

Q

こたえ②

水道《すいどう》の水《みず》できず口《ぐち》についた、泥《どろ》・砂《すな》・血《ち》・ゴミなどを洗《あら》い流《なが》し、その後《ご》、消毒《しょうどく》をします。血《ち》が止《と》まらない時《とき》はガーゼを当《あ》てておきましょう。

つき指《ゆび》をした時《とき》、どうすればいいの？

① 指《ゆび》を冷《ひ》やし、動《うご》かさないように固定《こてい》する
② 指《ゆび》をひっぱり動《うご》かす
③ 指《ゆび》を温《あたた》める

Q

こたえ①

すぐに冷《ひ》やし、動《うご》かさないように固定《こてい》します。指《ゆび》がはれ、痛《いた》みのひどい時《とき》はすぐに病院《びょういん》へ行《い》きましょう。

やけどをした時《とき》、どうすればいいの？

① すぐに油《あぶら》をぬる
② すぐに温《あたた》める
③ すぐに冷《ひ》やす

Q

こたえ③

できるだけ早《はや》く、水道《すいどう》の水《みず》で冷《ひ》やします。（痛《いた》みがなくなるまで、約《やく》30分《ぷん》くらい）痛《いた》みや熱《あつ》さがつづいたり、水《みず》ぶくれやひどいやけどの時《とき》はすぐに病院《びょういん》に行《い》きましょう。

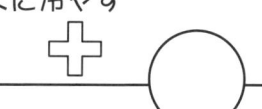

10月 うんどうかいだよ！

一口知識

作り方…P.26～

汗《あせ》をかいたらすぐふきましょう。

かぜをひかないためにも、汗《あせ》をかいたらすぐふくようにしましょう。
元気《げんき》に当日《とうじつ》を迎《むか》えられるようにね。

ハンカチ・タオルを忘《わす》れないでね。

運動会《うんどうかい》に向《む》けて、走《はし》ったり、ダンスや体操《たいそう》をして、いっぱい汗《あせ》をかきます。汗《あせ》をよくすいとるタオルがいいですね。

朝《あさ》ごはんをしっかり食《た》べましょう。

体《からだ》や脳《のう》のエネルギー源《げん》となる朝食《ちょうしょく》をしっかり食《た》べましょう。

手《て》・足《あし》の爪《つめ》を切《き》りましょう。

爪《つめ》が伸《の》びると爪《つめ》と爪《つめ》の間《あいだ》にバイキンがはんしょくします。
そして運動中《うんどうちゅう》、けがの原《げん》因《げん》となるので、手《て》や足《あし》の爪《つめ》を切《き》っておきましょう。

夜《よる》は早《はや》く、寝《ね》ましょう。

夜《よる》はできるだけ早《はや》く寝《ね》て、1日《にち》のつかれをとりましょう。

運動《うんどう》の後《あと》、うがい・手《て》洗《あら》いをしましょう。

運動《うんどう》の後《あと》は、石《せっ》けんでしっかり手《て》を洗《あら》い、ガラガラうがいで、のどについたバイキンを洗《あら》い流《なが》しましょう。

10月 目のクイズ

作り方…P.28～

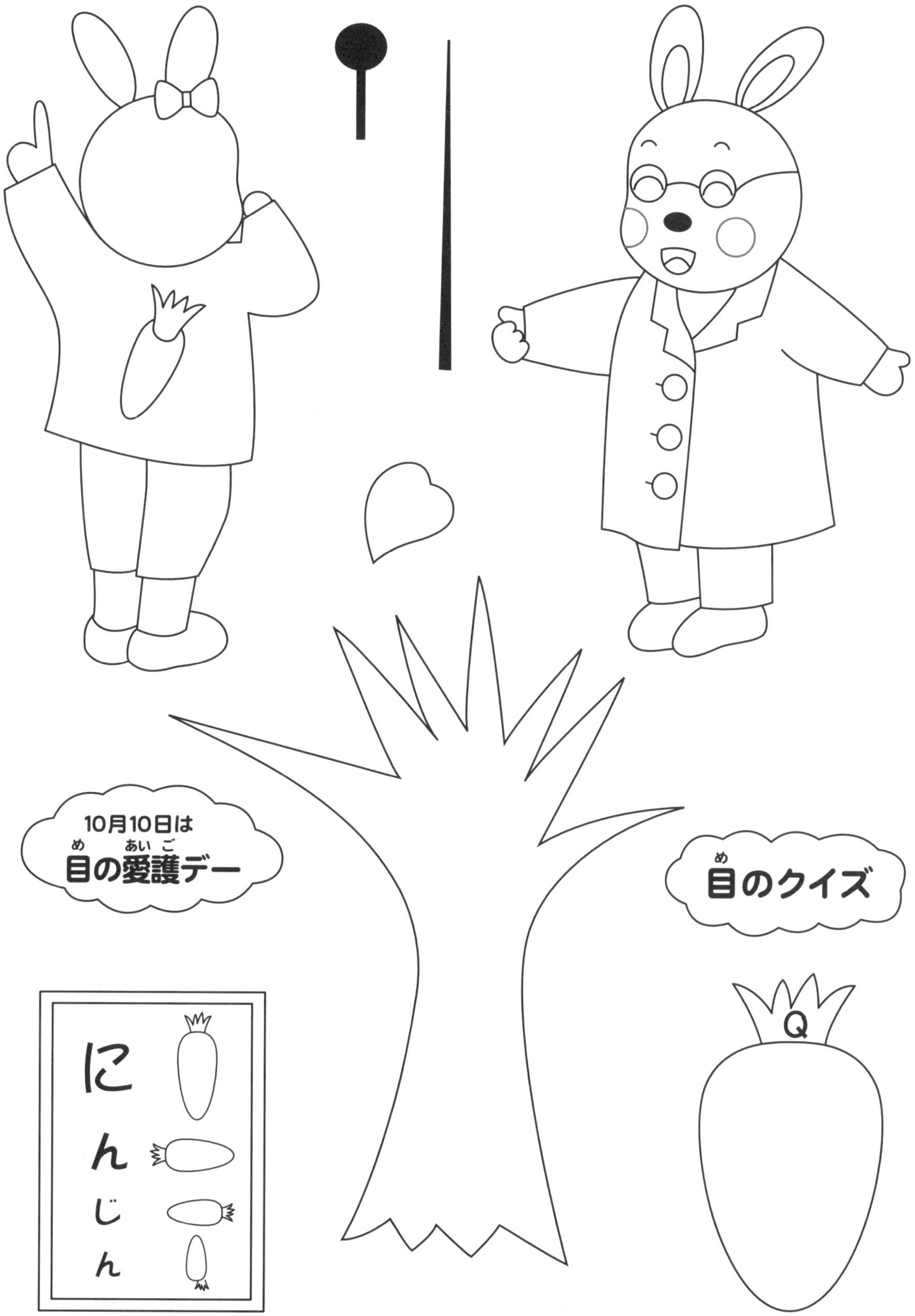
10月10日は
目《め》の愛《あい》護《ご》デー
目《め》のクイズ
にんじん
Q

10月 目のクイズ

目《め》のしくみはなにとにているの？

① テレビ
② カメラ
③ コンピューター

Q

こたえ ②

目《め》のしくみはカメラとにていて、眼球《がんきゅう》の前方《ぜんぽう》にはレンズ（水晶体《すいしょうたい》）、フィルムにあたるところには（網膜《もうまく》）、しぼりのところには（光彩《こうさい》）があります。

目《め》にごみが入《はい》ったらどうすればいいの？

① 目《め》をこする
② 目《め》をこすらずに、水道《すいどう》の水《みず》で目《め》を洗《あら》う
③ 手《て》でごみをとる

Q

こたえ ②

目《め》にごみが入《はい》ったら、汚《よご》れた手《て》で目《め》をさわらないで、水道《すいどう》の水《みず》で目《め》を洗《あら》いましょう。

とれないときは病院《びょういん》へ行《い》きましょう。

作り方…P.28～

本《ほん》を読《よ》むとき、どの位《くらい》離《はな》すといいの？

① 10㎝
② 15㎝
③ 30㎝ 以上《いじょう》

Q

こたえ③

本《ほん》を読《よ》むときや机《つくえ》に向《む》かう時《とき》は、よい姿勢《しせい》で目《め》を本《ほん》から30㎝以上《いじょう》離《はな》しましょう。

テレビを見《み》るとき、どの位《くらい》離《はな》れて見《み》るといいの？

① 30㎝
② 1m
③ 2～3m

Q

こたえ③

テレビを見《み》るとき、2～3m以上《いじょう》離《はな》れて見《み》ましょう。そして正面《しょうめん》から見《み》るようにしましょう。目《め》が疲《つか》れにくく、近視《きんし》の予防《よぼう》になります。

11月 かぜに気をつけましょう！

一口知識

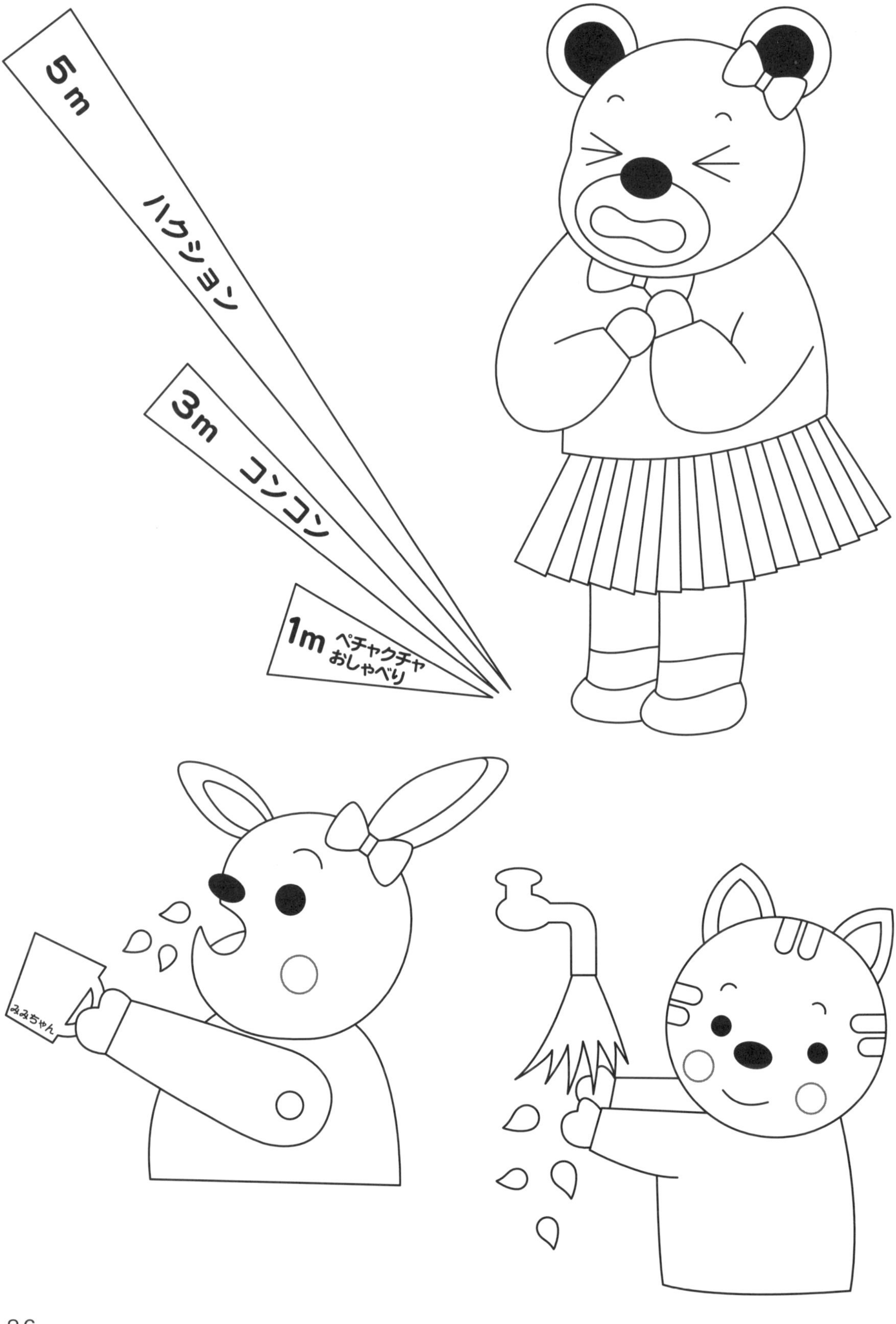
5ｍ
ハクション
3ｍ
コンコン
1ｍ
ペチャクチャ
おしゃべり
みみちゃん

作り方…P.30～

かぜに気《き》をつけましょう！

バイキンやウイルスは
せきやくしゃみでどこまで
とぶのかな～

せきやくしゃみは大事《だいじ》な肺《はい》を守《まも》
るための反射運動《はんしゃうんどう》です。せきやく
しゃみをする時《とき》は口《くち》に手《て》をあてるか
マスクをしましょう。

ガラガラうがい
をしましょう

うがいはのどに湿《しめ》り気《け》を
あたえ、バイキンを外《そと》に
追《お》い出《だ》します。

しっかり石《せっ》けんで
手《て》を洗《あら》いましょう

外《そと》から帰《かえ》った時《とき》、遊《あそ》ん
だ後《あと》、食事《しょくじ》の前《まえ》には、石《せっ》け
んで手《て》を洗《あら》いましょう。

コン
コン

かぜの予防《よぼう》

11月 かぜクイズ

うがい・手洗《てあら》いでかぜ予防《よぼう》

Q

かぜに負《ま》けない
ようにするには？

① くすりをのむ
② 夜《よる》おそくまで
テレビを見《み》る
③ バランスのとれた
食事《しょくじ》をする

こたえ ③

体《からだ》に抵抗《ていこう》力《りょく》をつけるには、バランスのとれた食事《しょくじ》が大《たい》切《せつ》です。特《とく》にたんぱく質《しつ》やビタミンA・Cがよいのです。

Q

Q

せきはなぜ出《で》るの？

① 肺《はい》を守《まも》るため
② 胃《い》を守《まも》るため
③ 心臓《しんぞう》を守《まも》るため

こたえ ①

せきは気管《きかん》に入った異物《いぶつ》やほこりやたんなどを、すごい勢《いきお》いで吹《ふ》き飛《と》ばし、大事《だいじ》な肺《はい》を守《まも》るための反射《はんしゃ》運動《うんどう》です。

Q

作り方…P.32~

Q

お茶《ちゃ》でうがいをするといいの?

① よい
② 悪《わる》い
③ 関係《かんけい》ない

こたえ ①

お茶《ちゃ》に含《ふく》まれるカテキン成分《せいぶん》がインフルエンザウイルスをやっつけてかぜを予防《よぼう》する効果《こうか》があります。お茶《ちゃ》でガラガラうがいを心《こころ》がけてみましょう。

Q

Q

熱《ねつ》が出《で》るのはなぜ?

① 白血球《はっけっきゅう》が戦《たたか》い始《はじ》めたから
② 赤血球《せっけっきゅう》が戦《たたか》い始《はじ》めたから
③ 血小板《けっしょうばん》が戦《たたか》い始《はじ》めたから

こたえ ①

人間《にんげん》の体温《たいおん》は36~37度《ど》です。目《め》に見《み》えない細菌《さいきん》やウイルスなどが体《からだ》に入《はい》ると、それらと白血球《はっけっきゅう》が戦《たたか》い始《はじ》めます。その戦《たたか》いが激《はげ》しいほど熱《ねつ》は高《たか》くなります。

Q

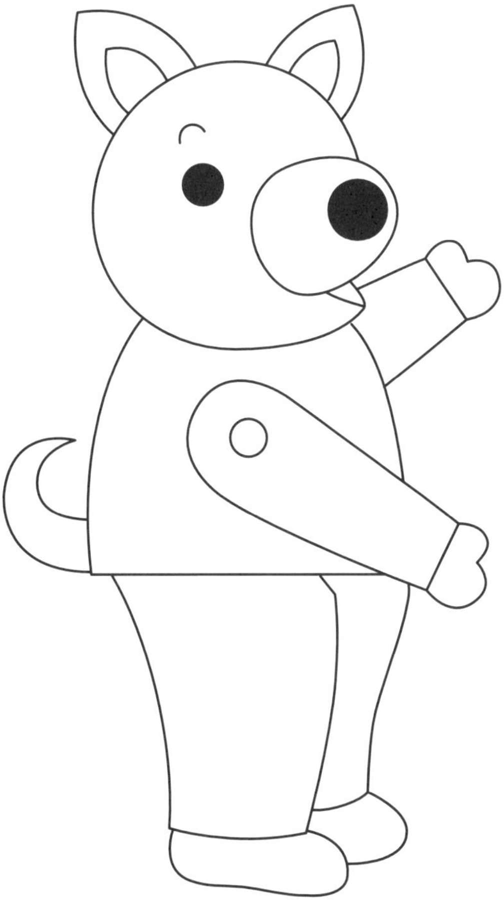

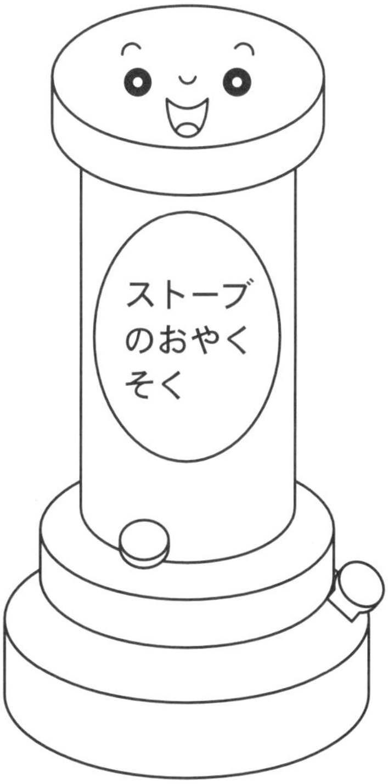
ストーブ
のおやく
そく

12月 まどをあけようね！ 一口知識

作り方…P.34～

ときどき
まどを
あけてね

窓《まど》をしめきったまま
でいると、教室《きょうしつ》の中《なか》の空気《くうき》
はよごれ、いろいろなバ
イキンでいっぱいです。
休《やす》み時間《じかん》には、窓《まど》をあ
けましょう。

やけどに
きをつけ
てね

手足《てあし》のやけど
水道水《すいどうすい》で30分《ぶん》位《くらい》冷《ひ》
やし、痛《いた》みや熱《あつ》さを
感《かん》じなくなったら、
病院《びょういん》に行《い》きま
しょう。

ぼくのから
だにさわら
ないでね

やけどの3段階《だんかい》
1度《ど》…赤《あか》くなり、ひりひりする。
2度《ど》…水泡《すいほう》ができ、痛《いた》みも強《つよ》い。
3度《ど》…感覚《かんかく》がない。皮《ひ》ふが変色《へんしょく》。

ぼくのちか
くであそば
ないで

胸《むね》・お腹《なか》のやけど
体温《たいおん》が35.5度《ど》以下《いか》にならない程度《ていど》
に水《みず》で冷《ひ》やします。服《ふく》をとるかどう
かは状況《じょうきょう》によります。
そして病院《びょういん》へ。

12月 すいみんクイズ

Q

人間《にんげん》はなぜねむるの？

① 夢《ゆめ》を見《み》るため

② 脳《のう》や神経《しんけい》・体《からだ》を休《やす》めるため

③ 外《そと》が暗《くら》くなるから

Q

7～9才《さい》の頃《ころ》、何時間《なんじかん》くらい寝《ね》るといいの？

① 5～6時間《じかん》

② 7～8時間《じかん》

③ 10～11時間《じかん》

こたえ②

すいみん中《ちゅう》、脳《のう》・神経《しんけい》・体《からだ》の各器官《かくきかん》が休《やす》み、昼間《ひるま》のつかれを回復《かいふく》させ、翌日《よくじつ》のエネルギーをため、そして脳《のう》を働《はたら》かせるための物質《ぶっしつ》を作《つく》ります。

こたえ③

発育《はついく》に関係《かんけい》のある成長《せいちょう》ホルモンはすいみん中《ちゅう》に分泌《ぶんぴつ》されます。成長《せいちょう》を促《うなが》し、規則正《きそくただ》しいすいみんをとるためには決《き》まった時間《じかん》に寝《ね》ることが大切《たいせつ》です。

作り方…P.36～

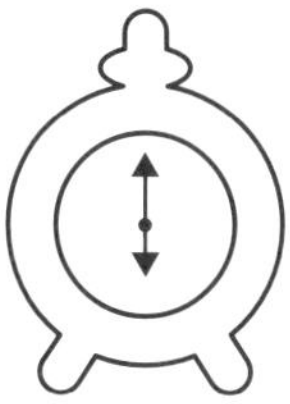

Q

レムすいみんとは、
どんなねむりなの？

① からだのねむり
② 脳《のう》のねむり
③ 心臓《しんぞう》のねむり

Q

ノンレムすいみんとは、
どんなねむりなの？

① 腎臓《じんぞう》のねむり
② 脳《のう》のねむり
③ 肺《はい》のねむり

こたえ①

レムすいみんは、体《からだ》はねているが、脳《のう》だけが起《お》きて働《はたら》いている、浅《あさ》いねむりのすいみんです。この時《とき》、よく夢《ゆめ》を見《み》ます。

こたえ②

ノンレムすいみんは、脳《のう》がねむっている、深《ふか》いねむりです。この時《とき》大脳《だいのう》の機能《きのう》を回復《かいふく》させています。ねむりには一定《いってい》のリズムがあるので、規則《きそく》正《ただ》しい生活《せいかつ》リズムをつくりましょう。

1月 すき、きらいしないで なんでもたべようね 一口知識

すき、きらいしないで
なんでもたべようね
あか・みどり・きいろのたべものを
バランスよくたべようね！

作り方…P.38～

みどりのたべもの

（やさい・くだもの）

骨《ほね》や歯《は》をつくるてつだいをします。いつも元気《げんき》でいられるようにします。

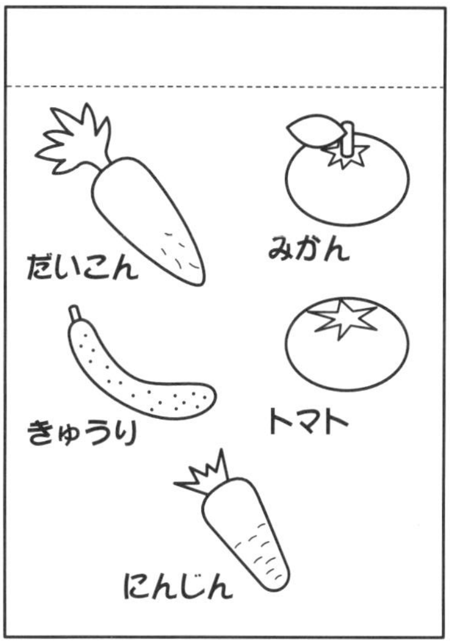
だいこん
みかん
きゅうり
トマト
にんじん

きいろのたべもの

（ごはん・パン・おいも）

からだをうごかすガソリンのやくめをします。元気《げんき》よく勉強《べんきょう》や運動《うんどう》ができるようにします。

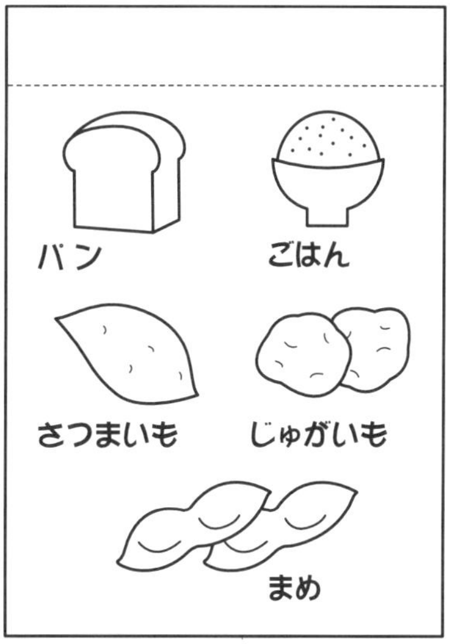
パン
ごはん
さつまいも
じゃがいも
まめ

あかのたべもの

（肉《にく》・魚《さかな》）

みんなのからだをつくります。筋肉《きんにく》や骨《ほね》や歯《は》をつくります。

ぶたにく
さかな
ぎゅうにく
いか
とりにく

骨《ほね》のクイズ

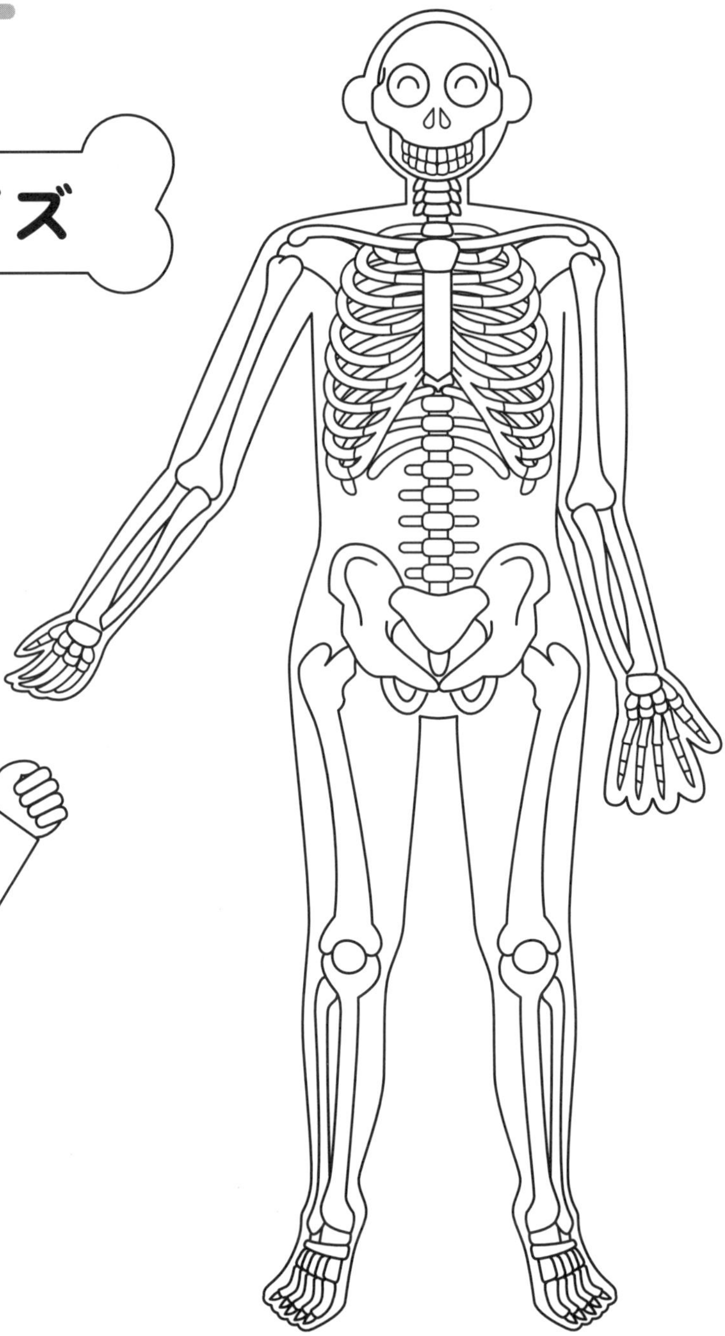

作り方…P.40〜

Q　骨《ほね》はおもになにからできているの？

① カルシウム
② 脂肪《しぼう》
③ 糖分《とうぶん》

こたえ①

骨《ほね》や歯《は》には、99％のカルシウムがふくまれています。他《ほか》にも、たんぱく質《しつ》やリンなどのミネラル分《ぶん》がふくまれ、みんなで協力《きょうりょく》して強《つよ》い骨《ほね》を作《つく》っています。

Q　関節《かんせつ》ってなに？

① 骨《ほね》と骨《ほね》とがつながっているところ
② 筋肉《きんにく》と筋肉《きんにく》がつながっているところ
③ 血管《けっかん》と血管《けっかん》がつながっているところ

こたえ①

骨《ほね》と骨《ほね》がつながっているところをすべて関節《かんせつ》といいます。関節《かんせつ》には自由《じゆう》に動《うご》くあごや手《て》・脚《あし》などの関節《かんせつ》と、全《まっ》く動《うご》かない頭《あたま》の骨《ほね》の関節《かんせつ》があります。

Q 人間《にんげん》の骨《ほね》の中《なか》で、いちばんかたい骨《ほね》は？

① 鼻《はな》の骨《ほね》
② 歯《は》
③ 腰《こし》の骨《ほね》

こたえ②

歯《は》も骨《ほね》のなかまで、人間《にんげん》のからだの中《なか》で一《いち》番《ばん》かたいところです。おく歯《ば》でものをかみくだく力《ちから》は、およそ自分《じぶん》の体重《たいじゅう》と同《おな》じ力《ちから》がでます。

Q 骨折《こっせつ》をふせぐにはなにを食《た》べるといいの？

① 肉《にく》
② 米《こめ》・小麦《こむぎ》
③ 小魚《こざかな》・牛乳《ぎゅうにゅう》

こたえ③

小魚《こざかな》や牛乳《ぎゅうにゅう》には、カルシウムが多《おお》くふくまれていて、骨《ほね》を作《つく》るのに大切《たいせつ》な食《た》べ物《もの》です。しっかり食《た》べるようにしましょう。

作り方…P.42~

2月 食べ物のゆくえ 一口知識

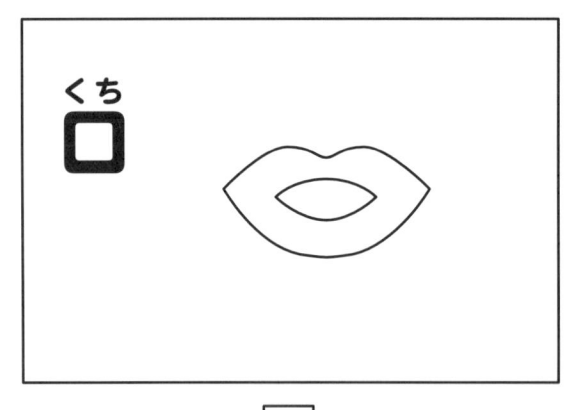

口《くち》

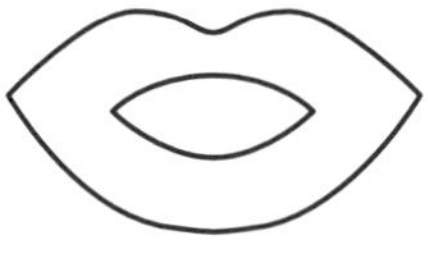

食《た》べ物《もの》の入《い》り口《ぐち》。
歯《は》でかみくだかれた食《た》べ物《もの》は、
だ液《えき》とまざり食道《しょくどう》へ送《おく》られます。

食道《しょくどう》

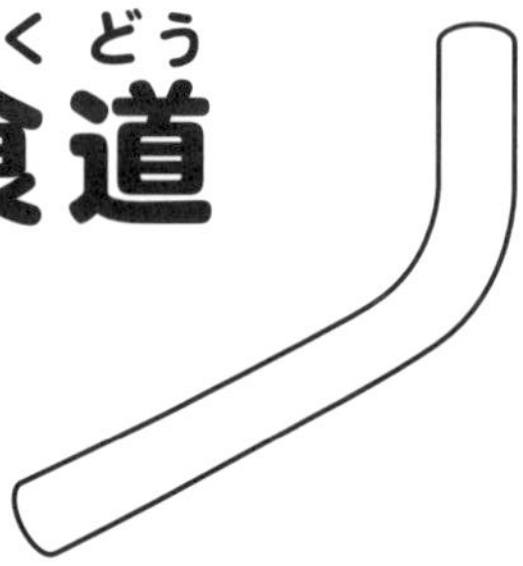

食《た》べ物《もの》は食道《しょくどう》を通《とお》って胃《い》に行《い》く
まで、約《やく》6～7秒《びょう》くらいです。

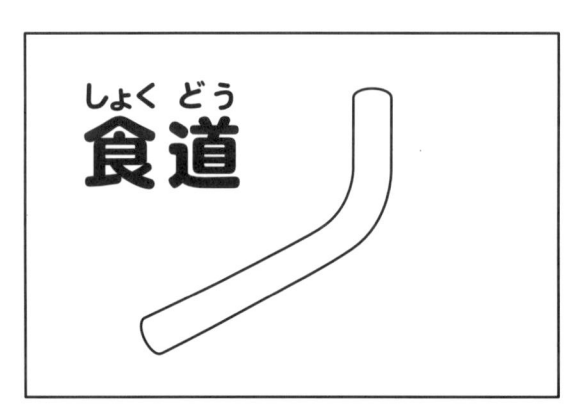

作り方…P.42～

胃《い》

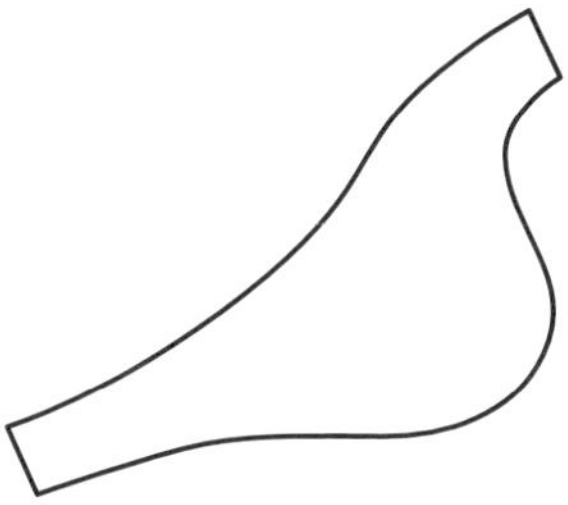

胃《い》の中《なか》には胃液《いえき》があって、食《た》べ物《もの》をどろどろにしたり、殺菌《さっきん》したりして、消化吸収《しょうかきゅうしゅう》を助《たす》ける働《はたら》きをしています。食《た》べ物《もの》は胃《い》に約《やく》2～4時間《じかん》とどまっています。

小《しょう》腸《ちょう》

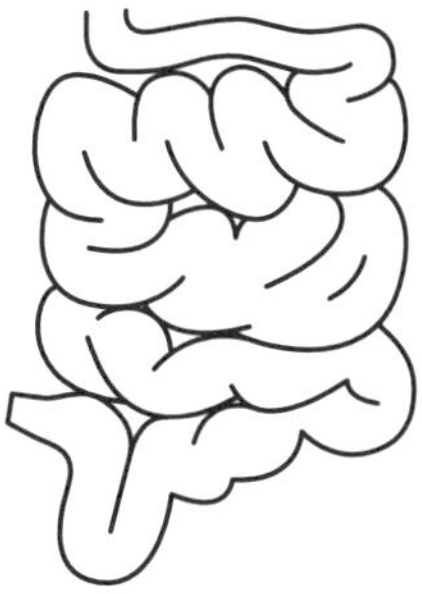

小腸《しょうちょう》では、栄養分《えいようぶん》の消化《しょうか》・吸収《きゅうしゅう》します。その後《ご》、食《た》べ物《もの》の残《のこ》りカスを大腸《だいちょう》に送《おく》ります。小腸《しょうちょう》のくだは細《ほそ》くて、長《なが》さは5～7ｍです。食《た》べ物《もの》は小腸《しょうちょう》には約《やく》4～5時間《じかん》とどまっています。

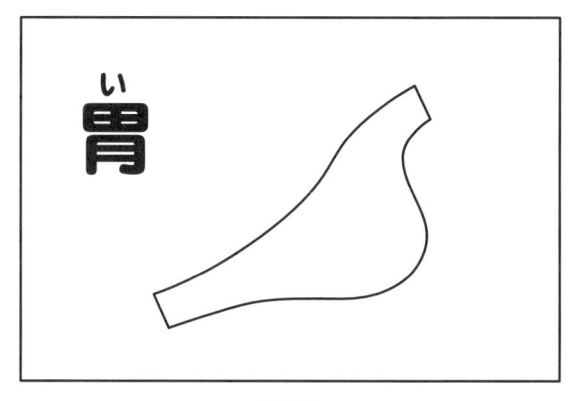

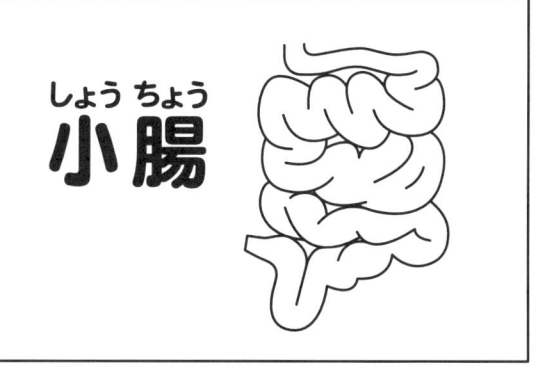

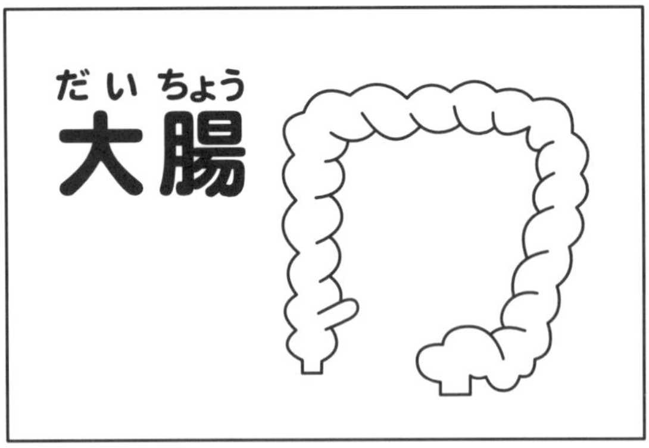

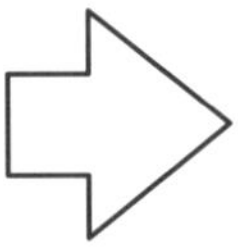

大腸《だいちょう》では水分《すいぶん》をたくさん吸収《きゅうしゅう》し、食《た》べ物《もの》をねばりけのあるやわらかい固《かた》まりにします。これが「うんこ」です。大腸《だいちょう》のくだの長《なが》さは1.5~1.7mで、太《ふと》くて短《みじか》いのです。食《た》べ物《もの》は大腸《だいちょう》に約《やく》9~16時間《じかん》とどまっています。

口《くち》から入《はい》った食《た》べ物《もの》は全行程《ぜんこうてい》7~9m、所要時間《しょようじかん》15~25時間《じかん》の長《なが》い旅《たび》を終《お》え、肛門《こうもん》からうんこになって外《そと》へ出《で》ます。

2月 うんこのクイズ 作り方…P.44～

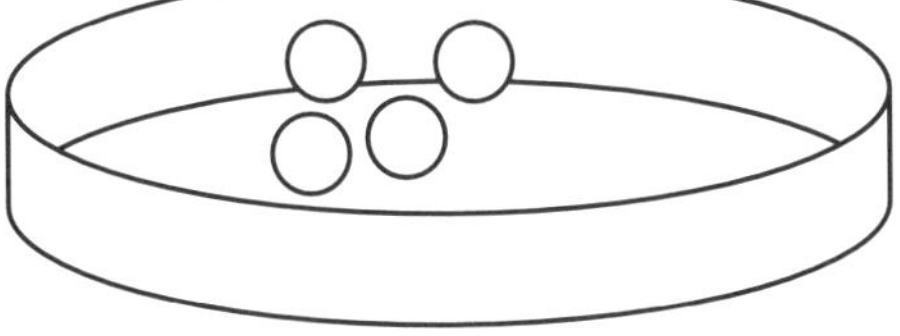

2月 うんこのクイズ　作り方…P.44～

Q

元気《けんき》なうんこはどんな形《かたち》？

① コロコロとしたかたいうんこ
② ダラダラとした形《かたち》のないうんこ
③ バナナのような形《かたち》をしたうんこ

こたえ ③

バナナのような形《かたち》をしていて、ふとさは2㎝くらい、長《なが》さは15㎝くらい、重《おも》さが100～200gくらいのうんこが健康《けんこう》なうんこです。

Q

元気《けんき》なうんこはどんな色《いろ》？

① 黒《くろ》
② 黄土色《おうどいろ》、茶色《ちゃいろ》
③ 赤《あか》

こたえ ②

白《しろ》・黒《くろ》・赤《あか》のうんこは病気《びょうき》のうんこです。うんこはからだのようすをしらせるおたよりです。自《じ》分《ぶん》のうんこをよく観察《かんさつ》しましょう。

Q

食《た》べたものからうんこになるまでどのくらい時間《じかん》がかかるの？

① 2～3時間《じかん》
② 5～8時間《じかん》
③ 15～25時間《じかん》

こたえ ③

口《くち》から入《はい》った食《た》べ物《もの》は、食道《しょくどう》→胃《い》→小腸《しょうちょう》→大腸《だいちょう》を通《とお》って、消化《しょうか》・吸収《きゅうしゅう》され、うんこになるまで15時《じ》間《かん》～25時間《じかん》くらいかかります。

Q

うんこはどこでつくられるの？

① 胃《い》
② 小腸《しょうちょう》
③ 大腸《だいちょう》

こたえ ③

小腸《しょうちょう》で栄養分《えいようぶん》を、大腸《だいちょう》では水分《すいぶん》を多《おお》く吸収《きゅうしゅう》し、食《た》べ物《もの》を粘《ねば》り気《け》のあるやわらかい固《かた》まりにします。
これがうんこです。

手《て》の洗《あら》いかた

手《て》を

食事《しょくじ》の前《まえ》

手《て》についたバイキンが食事《しょくじ》といっしょに口《くち》の中《なか》に入《はい》って、病気《びょうき》になるかもしれません。石《せっ》けんで手《て》を洗《あら》う習慣《しゅうかん》を身《み》につけましょう。

あら

トイレの後《あと》

バイキンが手《て》につき、病気《びょうき》の元《もと》になることもあります。石《せっ》けんで手《て》をきれいに洗《あら》いましょう。

おう

運動《うんどう》・遊《あそ》んだ後《あと》

土《つち》の中《なか》にはバイキンがたくさんいます。手《て》にバイキンをつけたままでいると、バイキンが手《て》から口《くち》に入り、病気《びょうき》になることもあります。石《せっ》けんで手《て》をあらいましょう。

手《て》には目《め》に見《み》えないバイキンが、いっぱいついているのです。

①石《せっ》けんで、ていねいに手《て》を洗《あら》いましょう。

②せいけつなハンカチで、きちんとふきましょう。

3月 耳のクイズ

作り方…P.48～

3月 耳のクイズ

Q

長時間《ちょうじかん》ヘッドホンで音楽《おんがく》を聞《き》いているとどうなるの？

① 中耳炎《ちゅうじえん》になる
② 耳《みみ》あかがたまる
③ 難聴《なんちょう》になる

こたえ③

長時間《ちょうじかん》ヘッドホンをつけて、大《おお》きな音《おと》を聞《き》いていると、音《おと》を感《かん》じる神経《しんけい》がおかされて難聴《なんちょう》になる恐《おそ》れがあります。音楽《おんがく》を聞《き》く時《とき》は、音量《おんりょう》や時間《じかん》に気《き》をつけよう。

Q

耳《みみ》が2つあるのはなぜ？

① 音《おと》を立体的《りったいてき》に聞《き》くため
② 顔《かお》のバランスをとるため
③メガネをかけるのに必要《ひつよう》

こたえ①

耳《みみ》が2つあるのは、音《おと》がどちらから聞《き》こえているのか「音《おと》の方向《ほうこう》を知《し》る」、つまり、音《おと》を立体的《りったいてき》に聞《き》くために必要《ひつよう》です。

Q

耳《みみ》たぶはどんな働《はたら》きをしているの？

① 体《からだ》のバランスをとるため
② 音《おと》をゆがめないで細《こま》かく伝《つた》えるため
③ 顔《かお》のバランスをとるため

こたえ②

耳《みみ》たぶは、音《おと》をゆがめないで、細《こま》かく伝える働《はたら》きがあります。耳《みみ》たぶは、体《からだ》の中《なか》で一番《いちばん》温度《おんど》の低《ひく》いところで、だいたい29度《ど》くらいです。

Q

体《からだ》のバランスをとっている耳《みみ》の器官《きかん》はどこ？

① 外耳道《がいじどう》
② 三半規管《さんはんきかん》
③ 耳《みみ》たぶ

こたえ②

内耳《ないじ》にある三半規管《さんはんきかん》の中《なか》のリンパ液《えき》が体《からだ》の回転《かいてん》に応《おう》じて動《うご》き、その動《うご》きを脳《のう》に知《し》らせてバランスをとっています。

<著者紹介>

久住加代子

四天王寺学園女子短期大学
(現・四天王寺国際仏教大学短期大学部・保健科) 卒業
大阪市内の小学校養護教諭として勤務し，2007年3月退職
2007年5月ドイツ留学

主な著書

『楽しい掲示板&クイズ①②』東山書房
『クイズで覚える掲示板』(指導) 東山書房
『コピーしてすぐ飾れる保健の壁面クイズBEST88』黎明書房
『子どもと対話ですすめる15分間保健指導21&わくわくアイディア教材』黎明書房

制作協力

Schütz由紀子　戸田真紀　戸田華菜

写真撮影

(株)スタジオ・フレックス　三宅隆博

本文レイアウト・図版・イラスト

アトリエ a・wa

※子どもへの健康に関する指導・保健指導教材や掲示板の作り方などを
アドバイスいたします。気軽にお問い合わせください。

連絡先

E-mail : kusumi0831@aol.com

保健室《ほけんしつ》の楽《たの》しい壁面構成《へきめんこうせい》12カ月《げつ》

2004年 7 月20日　初版発行
2007年12月31日　6 刷発行

著　者　久《く》住《すみ》加《か》代《よ》子《こ》
発行者　武馬久仁裕
印　刷　株式会社 太洋社
製　本　株式会社 太洋社

発　行　所　株式会社 黎《れい》明《めい》書《しょ》房《ぼう》

〒460-0002　名古屋市中区丸の内3-6-27　EBS ビル
☎ 052-962-3045　FAX 052-951-9065　振替・00880-1-59001
〒101-0051　東京連絡所・千代田区神田神保町 1-32-2
南部ビル 302号　☎ 03-3268-3470

落丁本・乱丁本はお取替します
ISBN978-4-654-01737-9